Robin Elise Smith-Köhler

Schwingst Du Glücklich?

Alles ist Energie und Schwingung!

Impressum:

Bibliografische Information der Deutschen Nationalbibliothek:
Die Deutsche Nationalbibliothek verzeichnet diese Publikation
in der Deutschen Nationalbibliografie; detaillierte
bibliografische Daten sind im Internet über http://dnb.dnb.de
abrufbar.

© 2023 Robin Elise Smith-Köhler

Herstellung und Verlag: BoD – Books on Demand, Norderstedt

ISBN: 978-3-7578-6320-3

WIDMUNG

In tiefster Liebe und Bewunderung
für meine Kinder, Jeni and Henry

So proud of you!

*

Achte auf Deine Gedanken, denn sie werden Worte,
Achte auf Deine Worte, denn sie werden Handlungen,
Achte auf Deine Handlungen, denn sie werden
Gewohnheiten,
Achte auf Deine Gewohnheiten, denn sie werden Dein
Charakter,
Achte auf Deinen Charakter, denn er wird Dein Schicksal.

Die berühmten Sätze aus dem Talmud

DANKSAGUNG

Special thanks to you, dear Henry, for your loving support and the countless hours you spent editing and polishing my book.

Special thanks to you, dear Jeni, for your loving support and the hours you spent, once again, turning what I've written into book form.

My dear friend, Heide, thank you for allowing me to use your beautiful sunflower photo for the cover of this book.

ÜBER DIE AUTORIN

Robin Elise Smith-Köhler, Jahrgang 1953, ist gebürtige Amerikanerin und lebt in Bremen. Bevor Sie in der Rente das Schreiben für sich entdeckte, arbeitete sie 34 Jahren als Logopädin. Nach einigen Jahren Erfahrungen und Weiterbildungen mit den Engeln, gab sie ihre Praxis auf, um einen neuen Weg zu gehen. Sie ist Mutter zwei erwachsenen Kindern, einer Tochter und eines Sohnes.

Sie hat sich durch diverse ganzheitliche Kurse weitergebildet u.a. in Reiki, Heilung der Erde, Programmierung von Kristallen, Heilung durch Energiearbeit, Heilung mit den Engeln, Schulung für Herzmystik und einen Kurs im Segnen.

Sie wünscht sich von Herzen, dass Sie, liebe Leserinnen und Leser, sich dem Einfluss der Schwingung Ihrer Gedanken und Glaubenssätze auf Ihr Leben bewusst werden. Sie möchte, dass Sie glücklich schwingen!

Weitere Bücher der Autorin:

Ich Fühle Was, Was Du (noch) Nicht Fühlst!
Den Zauber unserer Welt wieder entdecken

Wundervolle Zufälle
Wie nah die unsichtbare Welt im täglichen Leben ist

VORWORT

Liebe Leserinnen und Leser,

Mein ursprüngliches Interesse an der Quantenphysik und dem Universum habe ich dieses Buch zu verdanken. Einstein sagte: *„Alles ist Energie."* Diese Aussage regte etwas in mir und mein Interesse wuchs. Ich forschte nach.

Unterschiedliche Energien beeinflussen uns im Alltag, mehr als wir jemals ahnen können. Ich sprach mit Bekannten darüber, doch der enorme Einfluss von Energie und Schwingung auf das Leben war keinem so richtig bewusst. Mit Energie und Schwingung erschaffen wir, meistens unbewusst, unserer Realität und somit unser eigenes Leben. Das wird uns in der Schule nicht beigebracht.

Oft in meinem Leben habe ich die Dynamik verschiedener Situationen, Geschehnisse und Beziehungen nicht verstanden. Als mir den Einfluss von Energie und Schwingung bewusst wurde, fing ich an damit zu arbeiten. Ich habe mein Leben dadurch positiv verändert und möchte

Dir, durch diese Erkenntnisse, dabei helfen dies auch zu tun.

Um alles besser verstehen und umsetzen zu können, habe ich mir kleine, leichte Übungen, für den Alltag, ausgedacht. Ich ermutige Dich diese zwischendurch zu machen. Die Übungen unterstützen Dich dabei Dir allem schneller bewusst zu werden.

Ich hoffe, Deine Neugier erregt zu haben!

Den Einfluss von Energie und Schwingung wirst Du bald sehr gut verstehen und zu Deinen Gunsten benutzen können. Du wirst Dein Leben, die Menschen und die Welt mit anderen Augen sehen und mehr genießen können.

So beginnt eine Reise, die Dein Leben verändert wird.

INHALT

ENERGIE UND SCHWINGUNG

ALLES IST ENERGIE! Danke Einstein! *Alles* schwingt, vibriert und fließt. *Alles* hat seine eigene Schwingung mit seiner eigenen Frequenz, genannt Schwingungsfrequenz. Die Schwingungs-frequenz kann sehr langsam und niedrig, bis zur sehr schnell und hoch sein. Je höher die Schwingungs-frequenz, desto vorteilhafter ist sie für Dich.

ALLES IST ENERGIE! Was meine ich mit „Alles"? Mit „Alles", meine ich wirklich alles was Dich in Deinem täglichen Leben umgibt. Schaue irgendetwas an und weiß, dass es Energie in einer Form ist. Das Essen und Trinken, das Du zu Dir nimmst, das Bett in dem Du morgens aufwachst, das Auto oder Fahrrad mit dem Du Dich fortbewegst, die Bäume und die darauf zwitschernden Vögel unter denen Du oft spazieren gehst... all das ist Energie. Dein Handy, dass Du bei Dir trägst, die Musik, die Du hörst und die Bücher, die Du liest... all das ist Energie.

Du und Dein Körper sind Energie. *Auch Deine Worte, Gedanken, Glaubenssätze und Gefühle sind Energie.*

Obwohl die Dinge um uns herum eine feste Form zu haben scheinen, bewegen sie sich in Wirklichkeit. Diese Bewegung können wir mit dem bloßen Auge nicht wahrnehmen, doch Wissenschaftler haben diese „Schwingungen" mit Präzisions-instrumenten nach-weisen können.

Schaue Dich um! *Alles* um Dich herum ist Energie. *Alles* bewegt sich, schwingt, vibriert und fließt. Du und die Energie Deines ganzen Körpers werden maßgeblich durch die Energien in Deinem Umfeld beeinflusst und es findet ein ständiger Energieaustausch *mit Allem* statt. Kennst Du das, dass wenn Du in der Natur bist, Du Dich ruhig und entspannt fühlst, hingegen der Lärm und die Menschenmengen in der Stadt eher ein Gefühl von Stress und Hektik verursachen?

Ich staunte, als ich lernte, dass Energie *nie* verschwindet und *nie* verloren geht, jedoch verändert und transformiert werden kann. Du kannst das beeinflussen!

Im Laufe des Buches werde ich zahlreiche Beispiele aus meiner persönlichen Erfahrung mit Dir teilen.

Dir dem Einfluss von Energie und Schwingung in Deinem Alltag bewusst zu werden, hilft Dir die Auswirkung Deiner eigenen Worte, Gedanken, Glaubenssätze und Gefühle auf Dein Leben besser zu verstehen. Es gibt Dir die Macht diese bewusster zu wählen und zu Deinem Vorteil zu verändern.

Unsere Gedanken sind das A und O, das Alpha und Omega, oder zu Deutsch, der Anfang und das Ende. Im folgenden Kapitel möchte ich Dir erklären weshalb sie so wichtig sind.

UNSERE GEDANKEN

Ich lernte, dass wir mit unseren Gedanken unser Leben, unsere Realität, *erschaffen*. Wir haben täglich ungefähr 60.000 verschiedene, bewusste und unbewusste Gedanken. Ungefähr 90% davon sind wiederkehrende Gedanken. Jeder Gedanke, ausgesprochen oder nicht, hat eine Energie mit einer bestimmten Schwingungsfrequenz. Diese Information brachte mich zum Nachdenken.

Ich dachte: *Wenn ich mein Leben durch meine Gedanken erschaffe, kann ich mein Leben verändern, in dem ich meinen Gedanken verändere.*

Ich dachte weiter: *Wenn ich meine Gedanken genauer beobachten würde und die, die ich nicht mehr denken möchte, lösche, verändere oder bewusst mit vorteilhafteren Gedanken ersetze, dann müssten meine neuen Gedanken sich positiv auf mein Leben auswirken!*

Seitdem habe ich viel über dieses Thema gelesen, nachgedacht und mit der bewussten Veränderung meiner Gedanken experimentiert.

Stelle Dir einen Eisberg im Wasser vor, 20% ist oberhalb des Wassers zu sehen, 80% ist unterhalb des Wassers verborgen. Das Gleiche gilt für Deine Gedanken und Glaubenssätze: 20% sind Dir bewusst und 80% sind Dir unbewusst. Wenn Du jedoch in Dich hineinhorchst, schaffst Du es immer wieder unbewusste Gedanken und Glaubenssätze an die Oberfläche zu bringen und kannst dann entscheiden, ob sie vorteilhaft für Dich arbeiten oder Du sie verändern möchtest.

Deine bewussten und unbewussten Gedanken und Glaubens-sätze *erschaffen* Dein Leben. Glaubens-sätze sind die, die Du im tiefsten Herzen für die Wahrheit hältst. Es sind Gedanken, die Du immer wieder gedacht hast, die zu Deinen Über-zeugungen geworden sind.

Zu lernen, Deine Gedanken und Glaubenssätze genauer zu „beobachten", sich derer bewusst zu werden und sie dann entweder zu löschen, zu verändern, oder zu ersetzen, bereichert Dich Dein ganzes Leben lang.

Durch diesen Prozess lernst Du Dich besser kennen und Dir wird immer deutlicher was Du in Deinem Leben *erschaffen* möchtest und was nicht.

Die Grundlage für den Umgang mit unseren Gedanken ist zu verstehen, woher sie überhaupt kommen und wie sie entstanden sind.

WOHER KOMMEN UNSERE GEDANKEN?

Schon während wir noch im Mutterleib sind, bekommen wir mit was sie denkt und wie sie sich fühlt. Eine friedvolle, glückliche Schwangerschaft wird bei uns anders wahrgenommen als eine stressvolle, unglückliche. Noch bevor Du das Licht der Welt erblickt hast, hast Du Eindrücke gesammelt und Dir Gedanken darüber gemacht: *Bin ich gewünscht? Ist der Ort an den ich komme ein glücklicher?*

Ab dem Moment, in dem wir auf die Welt kommen, fangen wir *automatisch* an, alles was wir sehen, hören, fühlen, riechen und schmecken wahrzunehmen und in unserem Gehirn und Körper zu speichern. Wir machen uns Gedanken darüber und entwickeln so unsere Gefühle. Es wurde herausgefunden, dass *Alles,* von unserer Geburt an bis hin zu unserem achten Lebensjahr, ohne Ausnahme in unserem Gehirn und Körper gespeichert wird. Alles was wir erleben, nehmen wir auf und speichern es, *automatisch.*

Erst später, beginnend in der Pubertät, fangen wir an diese gespeicherte Information zu hinter-fragen und teilweise zu verändern.

Wir nehmen wahr, wie unsere Eltern, Geschwister, Großeltern, Freunde, Nachbarn, Lehrer und andere Menschen über uns und andere denken und mit uns und anderen umgehen. Wie sie sich uns gegenüber verhalten, beeinflusst was wir denken, wie wir reagieren und besonders wie wir uns dabei *fühlen*. All das beeinflusst wiederum, wie wir unsere Welt sehen, wie wir handeln und am wichtigsten, wie wir über uns selbst, andere und das Leben generell *denken*. Wir nehmen es mit allen

Sinnen unbewusst auf, lassen die „Programmierung" zu, ähnlich wie ein Computer. Das ist unser Leben bis jetzt gewesen.

Die „Programmierung" durch Fernsehen, Filme, Werbung und besonders die Nachrichten, wirken besonders stark auf uns. Das ist so gewünscht. Darüber hinaus haben das Internet und Soziale Medien, wie zum Beispiel Facebook, Instagram und Twitter, einen *enormen* Einfluss auf uns, und dies nicht immer zu unserem Vorteil. *Dieser Einfluss ist nahezu unvorstellbar!*

So hilfreich diese Technologie ist, sie wirkt sich unvorteilhaft auf uns aus, wenn wir nicht aufpassen. Wir nehmen Informationen, Bilder, Nachrichten und unsere daraufhin resultierenden Gedanken und Gefühle *wie Schwämme* auf. Wir übernehmen die Bilder und die Gedanken der Außenwelt *automatisch und unbewusst* und können sie so schnell nicht mehr von unseren eigenen unterscheiden. Selten schaffen wir es, die Informationen wirklich zu hinterfragen und zu prüfen, bevor und nachdem wir sie in uns gespeichert haben, da wir mit Neuigkeiten überflutet werden.

Es geht ab jetzt darum, Deine Gedanken, Gefühle, Glaubenssätze, Informationen, eben das was Du gespeichert hast, genauer unter die Lupe zu nehmen. Ein riesiger, stetiger Download hat bis jetzt stattgefunden und findet weiterhin statt. Ein höheres Bewusstsein ist dafür angesagt.

Bewusstsein ist der erste Schritt zu Veränderung!

Die große Frage ist: *„Welche Gedanken, Glaubenssätze, Informationen, Bilder und Aussagen, ERLAUBE ICH ab jetzt in mir gespeichert zu werden? Was blockiere ich von Anfang an? Was lösche ich? Was verändere und was versetze ich?"*

Deine Programmierung bleibt, *bis Du sie änderst.* Wenn Du sie änderst, änderst Du auch Dein Leben.

Hört sich das kompliziert an? Vielleicht in diesem Moment, aber sobald Du damit anfängst, kommen viele „Aha!" Momente. Es wird einfacher und Du entwickelst eine Routine!

Ich bekomme immer ein sehr gutes, sogar ein positives, machtvolles Gefühl, wenn ich mich daran erinnere, dass *ICH die Verantwortung für meine Worte, meine Gedanken, Glaubenssätze, Gefühle und mein Programm habe. ICH kann sie jeder Zeit ändern, wie ICH will!*

Nebenbei, bin ich ohne Handys, Soziale Medien und das andauernde Gefühl erreichbar sein zu müssen, aufgewachsen. Ehrlich gesagt, war ich mehr bei mir. Ich wurde weniger abgelenkt und gestört. Die Zeit war von einer höher-schwingenden Qualität. Als Kinder hielten wir uns damals in der Natur auf, haben ihre sanfte, heilende Schwingung und die Schönheit der Jahreszeiten wahrgenommen und genossen. Unser Horizont war wesentlich weiter als der Blick auf einen Bildschirm. Wir fühlten uns größer, authentischer, mehr mit unserem wahren Selbst und Herz verbunden.

*****

EINE KLEINE ÜBUNG:
Informationsquellen wahrnehmen

Werde Dir bewusst, dass Du in ständiger Aufnahmebereitschaft bist. Nimm Dir 10 Minuten Zeit, schaue Dich an
dem Ort um, an dem Du Dich gerade befindest und nehme die
Informationsquellen wahr, die Du um Dich hast.

*****

Werde Dir jetzt der Rolle Deines Egos in Deinem Leben
bewusst.

DAS EGO

Bis zum fünften Lebensjahr, sind wir uns unserem inneren wahren und authentischen Selbst bewusst. Wir sind uns bewusst, wer wir *wirklich* sind. Neurologisch gesehen, findet zwischen dem fünften und siebten Lebensjahr eine Veränderung statt die verursacht, dass wir uns weniger auf uns selbst und mehr auf unsere Außenwelt fokussieren. Wir stellen uns jetzt die Fragen: *„Wie muss ich mich verhalten um geliebt, anerkannt, akzeptiert und beschützt zu werden?"* Wir richten uns danach, wie wir sein *sollen* um diese Liebe, Anerkennung, Akzeptanz und Sicherheit zu erlangen und zu behalten. Unseren Gedanken und Gefühle darüber formen das Ego-Programm. *Wir passen uns an* und erlauben uns unbewusst, uns von unserem wahren, authentischen Selbst zu entfernen. Für einige ist diese Anpassung schwieriger. Das ist nicht unbedingt „schlecht", nur schwieriger. Die Rückmeldungen, die wir ständig über uns bekommen werden als Informationen in unserem Programm gespeichert. Diese Programmierung beeinflusst uns unser ganzes Leben hindurch.

Bildlich gesehen, können wir diesem Prozess mit den russischen Babuschka-Holzpuppen, die sich in einander stecken lassen, vergleichen. Die kleinste Puppe, innen drin, ist unser wahres, authentisches Selbst. Die Holzpuppen drumherum, sind unser Verhaltensmuster, unsere Gesichter und Masken, die wir, mit der Hilfe unseres Egos und den Rückmeldungen von anderen, aufgebaut haben. Das Ego will, dass wir geliebt, anerkannt, akzeptiert und sicher sind. *Mit aller Kraft*, *WILL es*, dass wir genau die Programmierung und Verhaltensmuster, die wir von unserer Geburt an bis zum achten Lebensjahr aufgebaut haben, als Erwachsene beibehalten. Oftmals kann man das unbewusste Ausspielen der Programmierung kindlichen Verhaltensmuster in Jugend-lichen oder auch Erwachsenen beobachten. Wir denken: *Er verhält sich wie ein kleines, trotziges Kind.* Genau das geschieht auch. Die kindliche Programmierung kommt wieder und wieder zum Vorschein, bis man sich dieser *bewusst* wird und sie ändert.

Was hält die gespeicherte Programmierung am Laufen? Unser EGO, ein Teil von uns.

Ich schreibe EGO groß, weil der Einfluss unseres EGOs, ohne Ausnahme, *unvorstellbar* groß ist. Es hat gedauert bis ich das Wort EGO richtig verstanden habe. Oft wird über Personen gesagt, er oder sie habe ein großes EGO. Wir denken vielleicht an jemanden der unserer Meinung nach viel zu viel von sich selbst hält und damit angibt. Tatsächlich hat jeder von uns ein großes EGO, das mal ganz laut und mal ganz leise sein kann. Unser EGO ist unser ständiger Begleiter.

Unser gespeichertes Programm aus der Vergangenheit, also alle Gedanken, Glaubenssätze, Gefühle, Erlebnisse, Erinnerungen, Informationen und wie wir darauf reagierten, füttert unser EGO. Die alte Programmierung läuft ständig und neue Informationen werden *ununterbrochen* dazu gespeichert.

Wie ich es verstehe und erlebt habe, hält unser EGO uns so lange „gefangen", bis wir seinen Einfluss erkennen und verändern. Es ist wichtig zu lernen, wie man mit dem EGO umgeht. Es hält uns am liebsten in unserer Komfortzone fest, in der wir uns nur zu gern bewegen und bleiben. Es kennt unsere Komfortzone, die Routine, die Gedanken, die Gefühle, die Emotionen und unsere Reaktionen. *„Das kennst Du schon. Das ist nichts Neues, alles gut. Du bist in Sicherheit."* Es ist extrem unempfänglich für Veränderungen. Das EGO übt einen unvorstellbaren Einfluss auf unser Unter-bewusstsein und unser Selbstbild aus. Am liebsten, hält es uns genau wo wir sind, in ständige Aufnahmebereitschaft, alles weiterhin automatisch zu speichern. Neue Informationen, Gedanken, Ideen, welche nicht zur existierenden Programmierung passen, sieht das EGO als Bedrohung und sie werden abgelehnt. *„Bleib schön hier wo Du bist, hier bist Du sicher."*

Unser EGO hat viele Stimmen, die manchmal laut zu uns sprechen, aber meistens fast unbemerkbar und *ständig* flüstern. Wir müssen die unterschiedlichen Stimmen des EGOs wahr-nehmen, uns derer bewusst werden, und selbst die Regie übernehmen.

Hast Du jemals die Stimme in Dir folgende Gedanken und Glaubenssätze, sagen hören: *„Versuche es nicht nochmal, es hat beim ersten Mal nicht geklappt. Träume lieber nicht, sie können nie wahr werden. Ich bin nicht so hübsch (intelligent, populär, sportlich, vermögen) wie die Anderen. Mein Körper ist nicht schön. Ich bin nicht gut in Mathe (in Sprachen lernen, in der Schule). Das ist eine Nummer zu groß für mich. Das passiert mir immer. Das Geld reicht nie. Ich komme nie voran, egal was ich tue. Das schaffe ich nie. Ich habe es nicht geschafft, wie immer. Das wird mich zu sehr anstrengen, ich versuche es nicht. Egal was ich tue, ich kann es nicht ändern. Keiner mag mich. Keiner versteht mich. Keiner hält zu mir.*

11

Sport ist nicht mein Ding. Ich bin nicht gut genug. Ich passe mich lieber an, damit ich nicht auffalle. Singen kann ich nicht." … und, und, und.

Die Liste ist endlos, Deinem EGO sei Dank. Was Dein EGO Dir sagt, hängt von Deinen gespeicherten Erfahrungen, Gedanken, Glaubenssätzen und vor allem von Deinen Gefühlen ab, die Du damit verbindest.

Sagen wir, Du wolltest früher „etwas Neues" lernen, Fahrrad fahren zum Beispiel. Vielleicht ist es Dir sehr schwergefallen. Vielleicht hast Du das beängstigte Gesicht Deiner Mutter gesehen, als Du losgefahren bist. Selbstzweifel kamen auf und Dein EGO hat diese für Dich als Erfahrung und Gefühl *automatisch* gespeichert. Möglicherweise kommen Selbstzweifel auch jetzt auf, wenn Du wieder „etwas Neues", sportliches lernen möchtest. Dein EGO bringt die Vergangenheit in dieser Situation zum Vorschein und beeinflusst Dich in der Gegenwart erneut, mit den Gedanken, zum Beispiel: *Es ist gefährlich, Du könntest Dir weh tun!* Auch wenn die Stimme des EGOs oftmals nur flüstert und wenige Sekunden dauert, verunsichert es Dich.

Dein EGO gibt Dir eine Millionen Gründe, weshalb Du Dich nicht aus Deiner Komfortzone trauen solltest. Je akuter die Gefahr, dass Du Deine Komfortzone verlassen möchtest, desto lauter wird Dein EGO. Aber, verzweifele nicht, Du bist Deinem EGO nicht ausgeliefert. Du hast das Kommando! Du hast das Sagen!

Ist Dir jemals aufgefallen, wieviel Zeit Du mit Deinen Gedanken entweder in der Vergangenheit oder in der Zukunft verbringst?

Ist Dir bewusst wieviel Einfluss Deine Gedanken aus der Vergangenheit auf Dein jetziges Leben haben?

Dein EGO möchte Dich und Deine Gedanken entweder in der Vergangenheit oder in der Zukunft *festhalten.* Es möchte nicht, dass Du im Hier und Jetzt präsent bist, weil es dort keinen Einfluss auf Dich haben kann. Das ist das Geheimnis. Im Hier und Jetzt ist das EGO sozusagen abgeschaltet, es ist pausiert. Sich im Hier und Jetzt zu befinden bedeutet, dass Du Dich ausschließlich auf das konzentrierst was Du gerade tust, nicht auf die Stimme in Deinem Kopf.

Es gibt viele Gelegenheiten im Alltag das im Hier und Jetzt sein zu üben. Zum Beispiel, beim Anziehen, Kochen und Hände waschen. Fange einfach mit irgendetwas an. Beim Händewaschen, spüre einfach das Wasser, die Seife, die Bewegung Deiner Hände. Konzentriere Dich ausschließlich darauf. Das Konzentrieren auf Dinge, die Du normalerweise „automatisch" tust, fühlt sich am Anfang ungewöhnlich an. Es wird leichter, je öfters Du übst. Es bringt eine Ruhe und eine andere Qualität in Deinem Tag. Du wirst merken, dass Dein EGO, während Du Dich auf Deine Abläufe konzentrierst, still wird. Beobachte und halte inne. Du wirst auch merken, wie schnell Dein Ego Dich wieder mit Gedanken überfällt, wenn Deine Konzentration nachlässt. *Fühle* wie Dir die Stille, während der „EGO-Pause", guttut.

Atme regelmäßig in aller Ruhe.

Jeder Moment hat eine Länge, aber auch eine Tiefe. Übe die Tiefe in jedem Moment zu spüren.

Unser Ego „wird pausiert", während wir schlafen, aber sofort aktiv, wenn wir aufwachen. Du kannst Dir während des Tages, eine EGO-Pause verschaffen, indem Du kurz die Augen schließt.

Meditieren ist eine weitere hervorragende Möglichkeit die Stille in Dir zu erfahren. Im Sitzen oder im Liegen, konzentriere Dich ausschließlich auf Deinen Atem.

Ruhig einatmen, ausatmen, einatmen, ausatmen… Genieße die Stille. Sei im Hier und Jetzt. Lasse die Gedanken, die hochkommen, wie weiße Wolken sanft am Horizont vorbei gleiten, ohne ihnen Aufmerksamkeit zu schenken. Auch fünf Minuten zwischendurch verschaffen Dir eine wohltuende Pause.
Es gibt viele Bücher, Apps und kostenlose Videos (z.B. auf YouTube), die Dir beim Meditieren behilflich sein können.

*****

Vier lustige ÜBUNGEN, um Dir dem Werken Deines EGOs *bewusst* zu werden:

1. Um Dein EGO und die Gedanken jeder Zeit zum Stillstand zu bringen, besonders wenn sie rasen, denke oder sage: *„Liebes EGO, ich höre Dich."* Du kannst Dir auch selbst einen Satz ausdenken, um Dein EGO zum

Schweigen zu bringen. Dann warte, Du wirst merken, dass es plötzlich still wird. EGO: *„Was??? Jetzt weißt Du, dass es mich gibt? Verflixt!"*
Es fühlt sich in dem Moment ertappt, wird aber leider nicht lange still bleiben wollen. Wenn Du merkst, dass es wieder anfängt, denke oder sage den Satz erneut. Dein EGO will Dir immer am liebsten alle Deine Gedanken geben... und war bis jetzt erfolgreich.

2. Möchtest Du das? Sind die vorgegebenen Gedanken, die Produkte aus Deiner Programmierung aus der Vergangenheit, in der Übereinstimmung mit dem was Du wirklich, in der Gegenwart, denken möchtest? Sinn der Übung ist, sich zunächst Deines EGOs bewusst zu werden, um im nächsten Schritt die Gedanken, die Dich höher und glücklicher „schwingen lassen", zu wählen. Mehr dazu später.

3. Nimm Dir ein paar Minuten Zeit, schließ Deine Augen. Stelle Dir bildlich vor, dass Du eine Katze bist, die vor einem Mauseloch sitzt und wartet, bis die Maus herauskommt. Die erste Maus ist Dein erster Gedanke. Beobachte und warte, geduldig wie eine Katze. Welche Maus, also welcher Gedanke Deines EGOs, kommt zuerst heraus? Wenn Du Dich auf dieses Mauseloch *konzentrierst*, dauert es bis die erste Maus sich traut herauszukommen. Dein EGO fühlt sich beobachtet, zögert am Anfang. Aufgepasst, wenn die erste Maus herauskommt, sage oder denke: *„Ich sehe Dich!"* Dann zögern die Mäuse erneut, sonst folgen sie einander ziemlich schnell.

4. Wie gesagt, Du kannst stillschweigend mit Deinem EGO reden. Es ist sehr zum Vorteil *bewussten Kontakt* mit Deinem EGO zu suchen. Oft habe ich ein Gespräch mit meinem EGO, wenn ich merke, dass es mir einen Gedanken vorgibt, den ich nicht denken will.

   Zum Beispiel:
   EGO: *„Du hast heute genug geschrieben, verausgabe Dich nicht, sonst wirst Du müde."*
   ICH: *„Danke, aber Du irrst Dich, ich bin voller Kraft und werde weiterschreiben. Es macht mir Spaß!"*
   EGO: *„Wolltest Du nicht einiges im Haus erledigen? Du verdienst eine Pause."*
   ICH: *„Ja, das stimmt, aber das Schreiben ist mir wichtiger."*
   Du kannst, aber musst wirklich kein langes Gespräch mit Deinem EGO haben. Wenn Du merkst, dass es „dazwischen spricht" und Du möchtest es nicht zulassen, sage oder denke, kurz, knapp und liebevoll *„Jetzt nicht!"* oder *„Nein, danke!"*

5. Sich sein EGO, als „verrückter Onkel" oder „verrückte Tante" vorzustellen, die immer wieder „Verrücktes" erzählt, fand ich auch hilfreich und sehr lustig. Sage oder denke: *„Ich höre Dich, alles gut, lass uns lieber etwas anderes denken."* Du wirst es im Körper fühle, wie er sich beruhigt.

*****

Lustigerweise und nicht anders zu erwarten, lauscht mein EGO, während ich schreibe. Es ist wohl neugierig! *„Ja, ich schreibe über Dich!"*

Nimm Dein EGO und seine Werke, dass was es Dir vorgibt, *bewusst* wahr. Auch wenn es nicht aufhört „Unsinn" zu reden, ist es SEHR wichtig einfach amüsiert, statt frustriert oder wütend darauf zu reagieren. Die Schwingungsfrequenz für amüsiert sein ist wesentlich höher als für frustriert oder wütend. Du möchtest Dein Schwingungsfrequenz erhöhen, weil es vorteilhafter für Dich ist.

Später im Buch erkläre ich ausführlicher, was es mit den *Stimmen in Dir* auf sich hat.

Dein Ego bringt nicht nur Unsinn hervor, daher ist es wichtig genauer hinzuhören und zu unter-scheiden!

Wenn Du mehr über die Werke Deines EGOs und Dein wahres Selbst erfahren möchtest, empfehle ich das Buch: *JETZT! - Die Kraft der Gegenwart von Eckhart Tolle.*

Um unser EGO beherrschen zu können ist es wichtig zu verstehen welche Schwingungs-frequenzen unsere Gedanken und Gefühle haben, da höherschwingenden aber auch niedrig-schwingenden Schwingungen uns und unser Leben maßgeblich beeinflussen.

DIE SCHWINGUNGSFREQUENZ DEINER GEDANKEN UND GEFÜHLE

*****

KLEINE ÜBUNG: Deine Gefühle wahrnehmen

Nimm Dir bitte mindestens drei Minuten Zeit. Schließ Deine Augen, komm zur Ruhe und stelle Dir die Frage: *„Wie fühle ich mich gerade, WIRKLICH?"* Halte inne, atme regelmäßig, warte und fühle. Werde Dir bewusst, wie Du Dich wirklich fühlst.

*****

Es ist äußerst wichtig Dir täglich Zeit zu nehmen, Kontakt mit Deinen Gefühlen aufzunehmen. Ganz ehrlich, es hat eine Weile gedauert bis ich bereit war, meine Gefühle wahrzunehmen, sie wirklich fühlen zu wollen und auch zuzulassen. Wir wollen die unangenehmen Gefühle zur Seite schieben und sie unterdrücken. Sie lösen etwas in uns aus, dass wir nicht fühlen möchten. Wir erlauben uns oft, natürlich mit der Hilfe unseres Egos, von anderen Dingen abgelenkt zu werden. Wir schalten einen beliebigen Bildschirm an, essen und trinken etwas, texten oder rufen irgendjemanden an. Wenn wir von allem „satt sind", besonders in unseren Bäuchen, können wir unsere Gefühle nicht mehr fühlen. Hurra! Hurra? Wir haben sie leider nur für den Moment erfolgreich unterdrückt, doch sie werden wiederkommen.

*****

ÜBUNG: Dein Verhalten erkennen

In den folgenden Wochen, beobachte welches Verhalten Du ausübst, wenn Du Deine Gefühle unterdrücken möchtest. Möchtest Du dieses Verhalten weiterhin ausüben?

Vorteilhaft für Dich ist es, wenn Du übst, Deine Gefühle zuzulassen und wirklich zu fühlen.

*****

ÜBUNG: Deine Gefühle beobachten

Wenn Du Deine Gefühle beobachtest, beobachte sie als ob sie von Dir getrennt sind. Sei neugierig und bewerte sie nicht. Zum Beispiel: *„Oh interessant, ich fühle ein glückliches (u. a., dankbares, zuversichtliches, trauriges, ängstliches, frustrierendes, aufgeregtes) Gefühl. So fühlt sich dieses Gefühl an."*
Weshalb Du dieses Gefühl fühlst, musst Du nicht unbedingt erkennen.

*****

Wenn Du merkst, dass Du Dich glücklich, dankbar, zufrieden, zuversichtlich, hoffnungsvoll oder ein anderes positives Gefühl *fühlst,* dann denkst Du Gedanken und erzeugst weitere Gefühle, die vorteilhaft für Dich arbeiten. Die Frequenzen dieser Gefühlsenergien schwingen höher.

Wenn Du merkst, dass Du Dich traurig, ängstlich, wütend, einsam, oder ähnliches *fühlst,* dann denkst Du Gedanken und erzeugst Gefühle, die unvorteilhaft für Dich arbeiten. Die Frequenzen dieser Gefühlsenergien schwingen niedriger.

Deine Gefühle, die Du *fühlst,* werden von Deinen bewussten und unbewussten Gedanken und Glaubenssätze erzeugt. Hochschwingende Gedanken erzeugen hochschwingenden Gefühle. Niedrigschwingende Gedanken erzeugen niedrigschwingenden Gefühle.

Um dies zu *üben*, brauchst Du *nur* auf Deine Gefühle zu achten. Je nachdem wie Du Dich *fühlst,* werden sie Dir „sagen", ob Du *„gut fühlenden Gedanken"* oder *„weniger gut fühlenden Gedanken"* hast. Wenn Du Dich „weniger gut" fühlst, verändere Deine Gedanken bis Du Dich so fühlst wie Du möchtest. Du führst Regie!

Keine Angst, jeder hat mal einen schlechten Tag, eine schlechte Woche oder ein paar schlechte Monate und hängt mit seinen Gedanken und Gefühlen richtig unten. Sei Dir bewusst, je häufiger Du trübe Gedanken und dadurch trübe Gefühle hast, je mehr Kraft und Momentum nehmen sie auf und halten Dich unten. Möglicherweise hast Du früher gedacht: *Ich fühle mich ebenso and kann nichts dagegen tun. Ich muss nur warten bis es vorbei ist und ich mich besser fühle.*

Du kannst jede Situation sofort verbessern. Du weißt jetzt, dass Du Deine Gedanken, innerhalb von ein paar Minuten, ändern kannst, damit Du Dich fühlen kannst, wie Du Dich fühlen *möchtest!*

Es gibt keinen Grund mehr länger unten zu bleiben, es sei denn, Du möchtest unten bleiben und leiden. Beispiele kommen später.

Wie Du Dich fühlst, sagt Dir im welchem Schwingungs-frequenzbereich Deine Gedanken sind!

Schwingungsfrequenz Deiner Gedanken =
Schwingungsfrequenz Deiner Gefühle

*****

ÜBUNG: Deine Gefühle mit Gedanken verbinden

Beobachte Deine Gefühle. Vielleicht erkennst Du die Gedanken, die Dich zu diesen Gefühlen geführt haben, vielleicht vermutest Du sie nur, vielleicht auch nicht. Alles gut. Lasse alle Gedanken und Gefühle zu, bewerte sie *nie*.

*****

Wusstest Du, dass Dein wahres, authentisches Selbst, Dein Wesenskern, Liebe ist? Solange Du auf der Erde bist und auch danach, bist Du Liebe. Es sind Deine bewussten und unbewussten Gedanken und Glaubenssätze, die wie ein Filter arbeiten und Dich daran hindern, Deine wahre *Energie der Liebe* auszustrahlen. Sie sind wie dunkle Wolken, die Deinen „sonnigen" Wesenskern verdecken.

Die Gefühlsqualitäten von Freude, Dankbarkeit, Frieden und Mitgefühl sind sehr hoch-schwingende, kraftvolle Energien. Liebe ist die höchste, kraftvollste Energie. Für die Harry Potter

21

Fans: Was hat Harry, als Baby, von Voldemort gerettet? Es war die Liebe seiner Mutter, die höchste und stärkste Energie!

Sei Dir bewusst, Du kannst jederzeit selbst entscheiden, durch die Wahl Deiner Gedanken, wie Du Dich fühlen möchtest, unabhängig von den äußeren Umständen!

Willst Du Dich glücklich, liebevoll, selbstbewusst und zuversichtlich fühlen? Dann denke die Gedanken, die Dich in diese Gefühle hineinversetzen. Es ist immer Deine Entscheidung, wie Du Dich fühlen möchtest.

Jeder Gedanke hat seine eigene Schwingung. Mit welchen Gedanken *fühlst* Du Dich wohler?

*****

EINE UNTERSTÜTZENDE ÜBUNG:
Deine positiven, hochschwingenden Gedanken aufschreiben

1. Schreib Deine Gedanken auf, mindestens eine Seite, die Dich in ein fröhliches, zuversichtliches und selbstbewusstes Gefühl bringen. Es ist einfacher zu schreiben, wenn Du ohnehin schon gut drauf bist, aber Du musst nicht darauf warten!

2. Wenn Du fertig bist, lese die Seite noch einmal. Ist es Dir gelungen, durch das Aufschreiben hochschwingender Gedanken, Dich glücklicher zu fühlen?

3. Hebe die Seite auf und lese sie erneut, falls Deine Gedanken Dich irgendwann in ein „Gefühlstief" bringen. Du kannst sie jederzeit mit weiteren positiven Gedanken ergänzen!

*****

Bildlich gesprochen ist Dein wahres Selbst wie eine Sonne, die Dich von innen herausstrahlen lässt. Es sind die Schwingungsfrequenzen Deiner Gedanken, Glaubensätze und Gefühle, die *Dein Licht* betrüben oder hell erstrahlen lassen. *EGAL was in der Außenwelt passiert,* Du hast die Macht in Deiner sonnigen Mitte zu bleiben. Denke Gedanken, die Dich gut fühlen lassen.

Werde Dir Deiner Gedanken und Glaubenssätze, Deiner alten Programmierung, Stück für Stück bewusst, in dem Du sie beobachtest, und verändere oder ersetze sie. Du hast die Verantwortung für und die Macht über Deine Gedanken. Aufgepasst, Dein Ego wird liebend gerne Gedanken aussuchen, die Du denken sollst. Es sind die Gedanken, die Du immer und immer wieder *automatisch und unbewusst* denkst. Vielleicht ist es an der Zeit, anders über einiges zu denken?

Wenn Du weiterhin Gedanken mit ähnlicher Schwingungsfrequenz denkst, bleibt Dein Leben so wie es jetzt ist.

Wählst Du höherschwingenden Gedanken, so veränderst Du Dein Leben. *Schwingst Du glücklich?*

Einstein sagte: *„Die Definition von Wahnsinn ist, immer wieder das Gleiche zu tun (zu denken) und andere Ergebnisse zu erwarten."*

Auf niedrigschwingenden Gedanken zu verharren und höherschwingenden Ergebnisse zu erwarten, ohne höherschwingenden Gedanken zu denken, wird einfach nicht funktionieren.

Erlaube mir zu wiederholen. Egal welche Glaubenssätze und Gefühle Deine Gedanken bis jetzt erzeugt haben, Du kannst sie bewusst verändern. Du kannst ein neues Gefühl durch die Veränderung Deiner Gedanken und Glaubenssätze *selbst erschaffen!* Du bringst Deine Gedanken auf eine neue, für Dich vorteilhafte, höhere Schwingungsfrequenz. Dabei wirst Du Dich auch *körperlich* wohler fühlen, Du wirst es merken.

Der größte Irrtum ist es zu denken: *Ich fühle mich nicht gut und kann nichts dagegen tun.*

Fühlst Du Dich nicht gut, dann verändere Deine Gedanken! Willst Du Dich noch besser fühlen, dann verändere Deinen Gedanken nochmal. Mache immer weiter, bis Du Dich fühlst wie *Du* Dich fühlen möchtest. Du wirst merken, wie machtvoll Du und Deinen Gedanken sind!

Unabhängig von äußeren Umständen, kannst Du das denken, was Du willst, jederzeit! DU führst Regie in Deinem Leben, erlaube es keinem anderen!

Dieses Spiel, und es ist ein Spiel, macht viel Spaß, wenn Du damit angefangen hast!

> *Astrid Lindgrens Pippi Langstrumpf sagt:*
> *„Das habe ich noch nie vorher versucht,*
> *also bin ich mir völlig sicher,*
> *dass ich es schaffe!"*

WELCHE GLAUBENSSÄTZE HAST DU?

*****

SCHRIFTLICHE ÜBUNG:
Dir Deiner Glaubenssätze bewusst werden

Lass uns einen kleinen Abstecher machen. Nimm Dir bitte zwischendurch die Zeit dafür.

Glaubenssätze sind das Ergebnis wiederholender Gedanken. Sie sind das, was Du im tiefsten Herzen für die Wahrheit hältst. Glaubenssätze sind die tief verankerten Annahmen, Überzeugungen über Dich Selbst, Andere und die Welt um Dich herum.

Sie können sowohl positiv, vorteilhaft, als auch negativ, unvorteilhaft, für Dich arbeiten.

Beispiele von Glaubensätzen:
- *Ich schaffe alles was ich anpacke.*
- *Das Leben bietet mir immer neue Möglichkeiten.*
- *Niemand versteht mich.*

Beispiele von Gedanken sind im Vergleich:
- *Die Sonne scheint heute.*
- *Ich freue mich auf den Tag.*
- *Das hat schon wieder nicht geklappt.*

Ganz spontan, schreibe bitte drei oder mehr Glaubenssätze zu jedem der unten genannten Themen auf. Nimm Dir die Zeit, darüber nachzudenken und sie aufzuschreiben.

Durch das Aufschreiben werden sie Dir bewusst. Bewerte sie nicht, alle sind wertvoll, wie sie sind.

1. Mich Selbst/ Meine Persönlichkeit
2. Meinen Körper
3. Meine Intelligenz
4. Meine Kleidung
5. Meine Mutter
6. Meinen Vater
7. Meine Geschwister
8. Meine Großeltern
9. Meine Kinder
10. Mein Familienleben
11. Mein Zuhause
12. Die Gegend, in der ich lebe
13. Mein Leben
14. Meine Zukunft
15. Meine Freunde
16. Mein Freund/Freundin/Partner
17. Mein Haustier
18. Meine Freizeitaktivitäten/ Hobbies
19. Meine Nachbarn
20. Meine Schule/Arbeit
21. Meine Lehrer/Chef/Kollegen
22. Meine Finanzen
23. Geld, im Allgemeinen
24. Menschen, im Allgemeinen
25. Die Welt, im Allgemeinen
26. Die Natur
27. Die Zukunft der Welt

Du kannst die Liste ergänzen, falls Dir noch zusätzliche Themen einfallen.

Sobald Du fertig bist, lege was Du Dir aufgeschrieben hast zur Seite. Wir kommen zu einem späteren Zeitpunkt darauf zurück.

Nun wird es Zeit „ins Fühlen" zu kommen…

FÜHLE DIE SCHWINGUNGSFREQUENZEN VON WORTEN UND GEDANKEN

Auch wenn es unbewusst geschieht, *fühlen* wir ununterbrochen die Energie der Schwingungs-frequenz unserer eigenen Worte, Gedanken und Gefühle. Zusätzlich, *fühlen* wir die Energie der Schwingungsfrequenz anderer Menschen und Quellen um uns herum. Erinnern wir uns: *Alles ist Energie!*

*****

ÜBUNG: Es ist Zeit „ins *Fühlen*" zu kommen!

Stell Dir vor: Eine Frau sitzt abends, mit einem Glas Wein in der Hand, auf dem Sofa und denkt über ihren Tag nach.

Es gibt zwei Szenarien.
Bitte lese ihre Gedanken erst in Szenario A, *laut und langsam 2 X* hintereinander vor. *Wie fühlst Du Dich dabei?*

Dann, lese ihre Gedanken in Szenario B *laut und langsam 2 x* hintereinander vor. *Wie fühlst Du Dich dabei?*

Szenario A:

„Mein Wecker hat heute Morgen so genervt, ich dachte es sei noch mitten in der Nacht, als er klingelte. Wieso muss ich so früh aufstehen? Ich wette es gibt einen Job irgendwo, wo Menschen erst um 10:00 Uhr bei der Arbeit sein müssen. Natürlich gab es Stau und ich war, wie immer, die letzte im Büro. Ich kann nichts dagegen machen! Egal wie früh ich aufstehe, ich komme immer zu spät. Ich habe zu allem Überfluss auch noch mein Mittagessen vergessen. Wie vergesslich kann ich sein? Naja, es waren Reste von Vorgestern und hätten wahrscheinlich sowieso nicht geschmeckt. Ich hätte ohnehin keine Zeit zum Essen gehabt. Mein Chef war schon wieder so grantig und hatte es wieder auf mich abgesehen. Meine blöden Kollegen haben auch noch gelacht. Ich glaube keiner mag mich so richtig. Deshalb komme ich auch nicht mit diesem Projekt voran. Keiner hilft mir, typisch! Ich muss immer alles alleine machen. So sitze ich hier auch, alleine, mit meinem Glas Wein und morgen geht das Ganze wieder von vorne los. Wein hat viele Kalorien. Naja, wir werden alle irgendwann mal fett. Die Musik von nebenan ist wieder so laut. Jeden Abend ist das so! Ich halte es nicht mehr aus!!! Ich hole mir noch einen Glas Wein oder vielleicht zwei. Chips hole ich auch. Ich mag mein Leben nicht."

JETZT: Nimm einen Moment Zeit um zu spüren wie Du Dich, nachdem Du diese Worte und Gedanken gelesen hast, *körperlich* fühlst?

*****

Obwohl ich mir diesen Aufsatz nur ausgedacht habe, *fühlte ich,* während des Schreibens, wie meine Schwingungsfrequenz gesunken ist. Merkst Du auch wie Du, nur vom Lesen, heruntergezogen wurdest? Diese Worte, Gedanken und Glaubenssätze ihrer Lebenseinstellung arbeiten unvorteilhaft für sie.
Stell Dir vor, diese Frau sei Deine Freundin, die sich bei Dir beklagt? Nicht nur ist ihre eigenen Schwingungsfrequenz tief in den Keller gegangen, sie würde Deine Schwingungsfrequenz, gleichzeitig mit herunterziehen. Du würdest es *körperlich* fühlen!

Szenario B:

„Das war früh heute Morgen, ich habe mich erschreckt, als mein Wecker klingelte! Am Wochenende kaufe ich mir einen neuen Wecker. Es gibt bestimmt angenehmere Töne. Früher ins Bett gehen würde mir sicherlich auch helfen früher aufzustehen. Ich beginne heute Abend damit. Der Weg zur Arbeit bringt oft Stau, vielleicht gibt es weniger befahrenen Straßen, die zur Arbeit fahren. Ab jetzt bin ich früher, jedenfalls pünktlich bei der Arbeit. Wenn ich früher ins Bett gehe, kann ich früher aus dem Haus. Möglicherweise ist dann weniger Verkehr, ich probiere es einfach aus. Nach einem Arbeitstag habe ich wenig Lust mein Mittagessen vorzubereiten. Es gibt bestimmt einen Lieferservice in der Nähe, oder ich probiere das Kantinenessen, es schmeckt sicherlich besser als sie sagen. Vielleicht lerne ich neue Menschen in der Kantine kennen. Keine Zeit zum Essen ist keiner Option mehr. Direkt morgen früh schaue ich in meinem Kalender und plane jeden Tag mindestens eine halbe Stunde Zeit zum Essen. Mein Chef war wieder schlecht gelaunt, vielleicht läuft seinen Privatleben im Moment nicht so rund. Jedenfalls, wird es Zeit, dass ich mit ihm spreche. Freundlich, aber bestimmt, werde ich ihn sagen, dass seine schlechte Laune das Arbeitsklima herunterzieht. Ich stehe nicht mehr zur Verfügung. Mit diesem Projekt könnte ich wirklich Hilfe gebrauchen, ich werde morgen meine Kollegen fragen. Sie können ja nicht ahnen, dass ich Hilfe benötige. Morgen Mittag esse ich in der Kantine. Ich könnte einige Kollegen besser kennenlernen, das würde meinen Tag bestimmt erhellen. Wir sind ja schließlich ein Team! So, ein Glas Wein heute Abend reicht völlig. Bestimmt gibt es leckere

Säfte in dem Laden um die Ecke. Ich muss ja nicht jeden Abend Wein trinken. Ich spreche morgen mit den Nachbarn über die laute Musik, sie wissen nicht, dass man sie im ganzen Haus hört. Sieh an, wenn ich ein wenig überlege, gibt es doch für alles eine Lösung! Ich freue mich, dass ich auf diese Ideen gekommen bin. Manchmal braucht das Leben nur ein paar Veränderungen, dann läuft alles besser!

Jetzt ist es aber Zeit schlafen zu gehen. Die Umstellung wird mir guttun. Morgen wird bestimmt ein guter Tag!"

UND? Wie fühlst Du Dich, nachdem Du diese Gedanken gelesen hast? Ich hoffe, Du hast den Unterschied zwischen beiden Szenarien körperlich *wirklich* gefühlt?

*****

In Szenario B haben die „anders gewählten" Gedanken der Frau unsere Schwingungsfrequenz höher schwingen lassen. Sie denkt und handelt nicht mehr als Opfer ihrer Umgebung und vom Ego heruntergezogen, sondern als jemand der Lösungen findet. Sie bestimmt und *erschafft* eine neue Realität für sich indem sie so denkt und *mit Absicht* handelt. Diese Gedanken und Glaubens-sätze der Lebenseinstellung arbeiten vorteilhaft für sie. Sie hat die Verantwortung übernommen und entscheidet selbst, was sie aus ihrer Situation macht. Möglicherweise wird ihr Ego sie zwischendurch mit Zweifel überschütten und versuchen sie in ihren alten Gedanken und Verhaltensmuster gefangen zu halten, aber sie wird bestimmt stark bleiben. *„Ego, jetzt nicht!"* Raus aus der Klage- Zone!

Sei Dir bewusst, dass alle Worte, Gedanken und Gefühle, eine bestimmte Schwingungsfrequenz haben. Sie haben einen großen Einfluss auf Dein Leben. Arbeiten sie vorteilhaft für Dich? Entscheide selbst wie Du über etwas denken möchtest und somit in welchem Schwingungsbereich Du schwingen möchtest. *Schwingst Du glücklich? Alles ist Energie!*

Ich liebe die Menschen, aber es gibt Menschen, vielleicht sogar Freunde, die sich gern mit ihrem Schwingungsbereich „im Keller" aufhalten. Die Vorstellung Opfer zu sein ist für viele reizvoll. Sie entziehen sich der Verantwortung und geben etwas oder jemanden die Schuld für ihre Situation. Als Opfer bekommt man oft viel Aufmerksamkeit. Ich nenne es, den „Ich Arme, ich! Modus". Bewusst oder unbewusst, versuchen sie Dich und Deine Schwingungsfrequenz zu sich herunter zu ziehen. Es fühlt sich weniger einsam an. Du wirst merken wie schnell das passiert, wenn Du nicht aufpasst. Idealerweise solltest Du Dich nach einer Begegnung gut, heiter und nicht heruntergezogen fühlen. Du tust weder Dir selbst, noch den anderen einen Gefallen, wenn Du „mitspielst". Du unterstützt ihr Gefühl von Machtlosigkeit und dem Bedürfnis „unten" zu bleiben. Natürlich gibt es auch Zeiten wo wir „in den Keller" abrutschen, das ist „normal". Sei jedoch aufmerksam und bewerte dieser „Kellerbesuche" nicht. Nutze Deine Gedanken, um so schnell wie möglich wieder an die Oberfläche zu kommen.

„Je weniger Du auf negative Menschen reagierst, umso positiver wird Dein Leben." – Dalai Lama

Begebe Dich nicht auf deren Schwingungsebene!

Wenn Du jemanden *wirklich* aus seinem „miesen Gefühlen" herauszukommen helfen möchtest, muss er bereit sein an seinen Gedanken zu arbeiten. Er muss die Arbeit machen, Du nicht. Wichtig ist es ihn wissen zu lassen, dass er selbst die Kraft hat sich selbst heraus zu holen, *wenn er möchte,* und zwar mit Gedankenveränderung. Es ist weder für Dich gesund, noch für ihn, wenn Du seine Last trägst. Wiederholt, ihn beim Klagen seine niedrigschwingenden Gedanken zu zuhören, *verstärkt* sie nur. Sie gewinnen an Kraft, an Momentum und ziehen ihn weiter hinunter. Wenn Du das tust, erlaubst Du Deine hohe Schwingung hinunter gezogen zu werden und raubst ihn gleichzeitig seine Gelegenheit die Regie von seinem Ego zu übernehmen. Lass ihn reden und höre zu, damit Du ihn verstehst, aber sei Dir bewusst, Dich als „Mülleimer" benutzen zu lassen, hilft weder ihm noch Dir. Falls Du seine Last spürst und gedanklich mit Dir herumträgst, nehme, ohne ein schlechtes Gewissen zu haben, Abstand. Lese weiter im Buch und Du wirst besser verstehen wie Du ihn und Dir selbst auf eine gesund Art und Weise unterstützen kannst. Oder, ermutigen ihn dieses Buch selbst zu lesen.

*****

ÜBUNG: Wer zieht die Schwingungsfrequenz herunter?

Sei aufmerksam, werde Dir bewusst, wer in Deinem Freundeskreis, Deiner Klasse, dem Büro, Deiner Familie, die allgemeine Schwingungsfrequenz herunterzieht. *Fühlst* Du, während des Gespräches, wie Deine Schwingungsfrequenz herabsinkt? Wie *fühlst* Du Dich danach?

*****

OPTIONALE ÜBUNG:

Schau Dir die Nachrichten an. Wie fühlst Du Dich, während Du schaust, und auch die Zeit danach?

*****

Liebe ist die höchste Energie, die höchste Kraft, die höchste Schwingungsfrequenz. Angst ist die niedrigste Schwingungsfrequenz. Sei aufmerksam! Wer oder was löst Angst in Dir aus? Übernehme die Verantwortung für Deine Schwingung und das was Du *erlaubst* einen Einfluss auf Dich zu haben. Schalte es aus, wende Dich ab, lasse es nicht zu.

Wenn Du es erlaubst, von Angst hinuntergezogen und in der niedrigen Schwingungsfrequenz gehalten zu werden, gibst Du Deine Macht über Deine Gedanken, Gefühle und Dein Leben auf. Du gibst Deine Macht an Dein Ego und andere ab!

Möchtest Du das? Wir sind in der Schwingungsfrequenz der Angst am weitesten weg von unserem wahren Selbst und der *Schwingungsfrequenz der Liebe.*

EIN BEISPIEL:

Während ich dieses Kapitel mit Freude schrieb, rief mich meine ältere Nachbarin, an. Sie fing aufgeregt an über Einbrüche in der Straße zu berichten und sagte, dass sie ein paar junge Männer auf die andere Straßenseite gesehen hatte. Sie schilderte mir alles was geschehen könnte und warnte mich bei Tag und Nacht aufzupassen. Zusätzlich beklagte sie sich über die Straßenarbeiten und die rücksichtslosen Passanten. Ich bemühte mich bewusst in meiner hohen Schwingungsfrequenz zu bleiben, merkte aber wie sie mich so gern herunter zu ziehen versuchte. Sie arbeitete hart daran, redete sogar lauter. Ich hatte vergessen, dass das Programm ihres Egos meistens Angst, Wut, und Unzufriedenheit ist. Weil ich, angeblich, „zur Toilette musste", beendete ich das Telefonat, merkte aber, dass meine Schwingungsfrequenz gesunken war. Mein Ego fing an, Gedanken der Angst über mich zu schütten und für einen Moment war ich auch darin *gefangen.*

Früher hätte ich mir Gedanken darüber gemacht ob meine Ausrede, das Gespräch zu beenden, von mir unhöflich war. Jetzt weiß ich, dass es mir selbst gegenüber sehr unhöflich wäre, es mir noch weiter anzuhören. Ich nahm zur Kenntnis was sie gesagt hatte, erinnerte mich aber, mit ein paar wiederholenden Gedanken, dass ich mich immer geschützt und sicher in meiner Wohngegend fühle. Damit habe ich meine hohe Schwingungsfrequenz wiederhergestellt.

Ich habe selbst gewählt, was ich darüber denken wollte und habe mich dadurch körperlich besser gefühlt.

Du kannst auch Dein Ego mit folgenden Worten besänftigen: *„Danke Ego, wir sind immer in Sicherheit."* Es wird sich beruhigen, Du wirst es *körperlich* fühlen.

Achte mehr und mehr auf Dein körperliches Gefühl.

Weshalb es nicht zu Deinem Vorteil ist, Deine Gefühle zu unterdrücken, erkläre ich Dir im nächsten Kapitel.

UNSERE GEFÜHLE UNTERDRÜCKEN

Fast mein ganzes Leben lang war ich eine Meisterin darin meine Gefühle zu unterdrücken, bis ich erkannt habe, wie ich mir selbst damit schade. Ich habe nicht gewusst, dass Gefühle, auch wenn sie für den Moment erfolgreich unterdrückt wurden, nicht verschwinden. Sie bleiben, sammeln sich an und treten verstärkt auf. Wir müssen sie *wirklich fühlen* um sie loszulassen zu können.

Als ich ganz jung war, habe ich auf einem Schild den folgenden Spruch gelesen: *„Es ist nett wichtig zu sein, aber es ist wichtiger nett zu sein."* Ich habe mir diesen Satz selbst einprogrammiert, er wurde einer meiner Glaubenssätze. Also, „nett sein" ist immer besser. Das war meine Überzeugung, die ich durch mein Leben getragen habe, leider viel zu häufig auf eigene Kosten. Ich bemühte mich anderen gegenüber nett und freundlich zu sein, wie ich es mir auch von anderen gewünscht habe. Meine Wut und meinen Schmerz habe ich selten herauskommen lassen, obwohl ich oft guten Grund dazu gehabt hätte. Ich habe sie heruntergeschluckt, unterdrückt, festgehalten und ohne es zu ahnen, in mir gespeichert. Das alles, weil ich überzeugt war: *Immer nett sein ist der richtige Weg für mich.*

Die meisten von uns haben gelernt unsere Gefühle zu unterdrücken. Gefühle wie Angst, Wut, Groll, Zorn, Hass, Neid, Eifersucht, Schuld und Scharm sind unangenehm und unerwünscht. Es sind Gefühle die im sozialen Umfeld nicht gerne gesehen sind und verpönt werden. Wir passen uns an, möchten akzeptiert und geliebt werden. Gefühle zu zeigen wie

Freude und Glück sind erwünscht und akzeptabel. Sie machen uns nicht zum Außenseiter. Wir passen uns an, setzen Masken auf und zeigen nicht wer wir in Wirklichkeit sind und was wir fühlen.

Lass uns ehrlich sein, wer möchte seine unangenehmen Gefühle *wirklich* fühlen und zeigen? *Drück mal schön weg und zwar schnell!* Wir hoffen, dass sie verschwinden. Auch wenn wir unangenehme Gefühle kurz gefühlt, dann aber erfolgreich unterdrückt und im Körper gespeichert haben, werden sie wieder zum Vorschein kommen. Manchmal erst Jahre später. Sie kommen langsam, nach und nach, dann immer öfter und manchmal plötzlich, wie ein Feuerwerk, oft giftig aus uns herausgeplatzt. Verstaute Gefühle können sogar körperliche Symptome hervorrufen.

Es ist viel gesünder Deine Gefühle sofort wahrzunehmen, sie bleiben zu lassen und sie *zu fühlen.* So lässt Du sie heraus. Sie möchten Deine Aufmerksamkeit und es ist wichtig Deine Gefühle zu würdigen. Egal welche Art von Gefühl, es möchte absolut nicht ignoriert werden. Gefühle sind *fabelhafte Hinweise* auf Deinen Gedanken. Deine Gedanken und Glaubenssätze erzeugen Deine Gefühle. Gefühle wie Angst, Wut, Groll usw. sind wie Gift für Dich, aber nur, *wenn* Du sie unterdrückst. Würdest Du freiwillig Gift hinunterschlucken? Unser Umfeld verleitet uns oft dazu unsere Gefühle zu maskieren.

Oft warten wir bis wir Zuhause sind. Manchmal geht es nicht anders. Doch spätestens dann, solltest Du in Dich hinein-horchen und Dich fragen: *„Wie fühle ich mich jetzt, wirklich?"*

Es ist zu Deinem Vorteil Deine Gefühle vom Tag Revue passieren zu lassen und zu hinterfragen. Erkennst Du die Gedanken die diese Gefühle hervorgebracht haben? Falls Du Dein Gefühl in der Situation unterdrückt hast, *muss* es nochmal gefühlt werden, um Dich davon lösen und es loslassen zu können. Tränen zu weinen ist eine wunderbare Möglichkeit Gefühle herauszulassen. Zu viele unterdrückte und verstaute Gefühle können sogar Depressionen verursachen. Keine Panik, diese alten Gefühle kommen meist von alleine immer wieder zum Vorschein und Du hast immer wieder eine neue Gelegenheit sie zu fühlen und loszulassen. Heiße die Gelegenheit: *„Willkommen!"*

Die Situationen und Personen, die Deine Gefühle „triggern", also auslösen und hervorrufen, sind meistens unterschiedlich, aber das Gefühlsthema bleibt oftmals gleich. Häufig steckt der Glaubenssatz: *„Ich bin nicht genug."* dahinter.

*****

ÜBUNG: Deine unterdrückten Gefühle hervorholen

Nimm Dir Zeit darüber nachzudenken, welches Gefühl Du in letzter Zeit untergedrückt hast und in welcher Situation, bei welcher Person? Versuche Dir die Situation wieder in Erinnerung zu rufen bis Du das Gefühl *wirklich fühlst*. Verharre in diesem Gefühl. Sitze ganz ruhig mit diesem Gefühl und *fühle* wie es hochkommt. Sei Dir bewusst, dass Du Dich auf dem besten, gesündesten Weg davon verabschiedest. Fühle und beobachte das Gefühl, ohne es zu bewerten: *„Oh, interessant, das Gefühl von Angst kommt hoch, das ist gut. Ich erlaube* *meine Angst (Wut, Zorn, Groll, Hass, Scharm, Schuld, Frust) hoch zu kommen und lasse sie ohne Mühe los.“* Danach wirst Du ein Gefühl von Erleichterung fühlen. Lobe Dich für Deine Arbeit, es wird von Mal zu Mal einfacher!

*****

Nochmal, *alle* Gefühle sind wertvoll und dürfen weder bewertet noch ignoriert werden. Sie sollen gewürdigt werden. Du hast sie *selbst* durch Deinen Gedanken und Glaubenssätze *erschaffen*. Sie sind nicht gut oder schlecht anzusehen. Sie sind einfach Gefühle und sind äußerst wichtige Hinweise auf Dein „Innen Leben“. Um Veränderungen zu erzielen, lernst Du Deine Gefühle zu erkennen und am wichtigsten, *wirklich zu fühlen.* Nur dann kannst Du damit arbeiten. Falls Du beispielsweise denkst, dass Du das Gefühl „Wut“ nicht zeigen darfst, überprüfe Deinen Gedanken und Glaubenssätze in Deiner Programmierung darüber. Hast Du auch den Glaubenssatz: *„Ich muss immer nett sein.“* in Deiner Programmierung? Woher kommt sie? Kommen sie aus Deiner Kindheit? Lösche sie, verändere sie, wie Du möchtest. *DU* entscheidest was Du in Deinem Programm haben möchtest.

*****

TÄGLICHE ÜBUNG: Tagebuch schreiben - Journaling

Tagebuch schreiben ist eine der besten Möglichkeiten Dir Deiner Gedanken und Gefühle bewusst zu werden. Es gibt Menschen, die es bevorzugen dies direkt nach dem Aufstehen zu tun um der Hektik des Alltags einen Schritt voraus zu sein.

Aber ganz egal wann, wichtig ist, dass Du eine Zeit für Dich wählst zu der Du es am besten in Deinen Alltag integrieren kannst. Durch das Erkennen Deiner Gefühle, weißt Du in welchem Schwingungsbereich Deine Gedanken sind.

Deine Gedanken und Deine Glaubenssätze erzeugen Deine Gefühle. Mit Alldem erschaffst Du Dein Leben.

Schreibe fließend, ohne zu sehr über Formulierungen und Grammatik nachzudenken. Schreibe über Dich, Deine Gefühle und Dein Leben. Versuche wenigstens vier Seiten zu schreiben, damit das Schreiben „ins Rollen kommt". Bevor Du das Geschriebene liest, frage Dich: *„Wie fühle ich mich jetzt, wirklich?"*

In welchem Schwingungsbereich bin ich?" *Fühle* ob es vorteilhaft oder weniger vorteilhaft für Dich arbeitet. Lese das Geschriebene gleich danach oder später.

Vielleicht entscheidest Du, um in einer höheren Schwingungsbereich zu kommen, alles erneut zu schreiben. Wie fühlst Du Dich nachdem Du, durch Deine neuen Gedanken und Wortwahl, ein neues Gefühl *gezaubert* hast? *Ja, es ist Zauberei!*

*****

Du hast Dich darauf konzentriert Deine Gefühle zu beobachten, zu erkennen und zu fühlen. Dadurch bist Du Dir dem Schwingungsbereich Deiner Gedanken bewusst geworden. Zum Vorteil ist es Deine Schwingungsfrequenz so hoch wie möglich zu halten.

Weshalb es so wichtig ist, dass Deine Worte, Gedanken, Glaubenssätze und Gefühle in einer höheren Schwingungsfrequenz schwingen, erfährst Du jetzt.

DIE HERMETISCHEN GESETZE

Es gibt Gesetze von Menschen geschrieben, die immer wieder verändert werden, je nachdem wieviel und welche Kontrolle beabsichtigt ist. Wesentlich fundamentaler, wichtiger, sind die Hermetischen Gesetze, die universellen, kosmischen Gesetze der Energie und Schwingung. Die Hermetischen Gesetze ändern sich nie und wurden im alten Ägypten und Griechenland, die vor circa 5.000 Jahre, 3.000 Jahre vor Christus, von Hermes Trismegistos, entdeckt und niedergeschrieben. Wir wissen, dass die Ägypter und Griechen bereits damals erstaunliches Wissen hatten. Über eine sehr lange Zeitperiode wurden diese Gesetze, dieses *machtvolle Wissen*, von der Menschheit absichtlich verborgen und geheim gehalten. Nur eine Handvoll Menschen haben die „Geheimnisse" dieser Gesetze für sich benutzen können. Glücklicherweise, kommt das alte Wissen in heutiger Zeit wieder ans Licht und wird jedem zugänglich gemacht... dem Universum sei Dank!

Die Hermetischen Gesetze zu verstehen ist entscheidend für unsere Arbeit und für Dein Leben. Obwohl in den letzten zehn Jahren viel über diese Gesetze gesprochen und geschrieben wurde, habe ich festgestellt, dass das Wissen viel zu wenige von uns erreicht hat. Jetzt hast Du die wunderbare Gelegenheit sie kennenzulernen und sie für Dich zu benutzen!

In dem Buch „KYBALION – 7 Hermetische Gesetze", werden die Gesetze vollständig beschrieben. Ich beschreibe zwei davon. Am Anfang steht: *„Wer das Prinzip der Schwingung* *versteht, hat das Zepter der Macht ergriffen.*" Ich empfehle Dir, das Buch zu lesen, sollte ich Deine Neugierde geweckt haben.

DAS GESETZ DER SCHWINGUNG besagt: *Alles schwingt, immer.*

Alles ist Energie und alles hat seine eigene Schwingung. Das was Du siehst, die Materie, schwingt langsamer und niedriger. Das was Du nicht siehst schwingt schneller und höher. Das ganze Universum schwingt! Du und Dein Körper schwingen auch.

Deine Schwingung wird haupt-sächlich durch Deine Worte, Gedanken, Glaubenssätze, Gefühle und Dein Handeln *selbst erzeugt*.

Du kannst Deine Schwingungsfrequenz *jederzeit* beliebig verändern. Wenn Du Deine Gedanken, Glaubenssätze und Worte veränderst, veränderst Du Deine Schwingung und *erschaffst* Veränderungen in Deinem Leben.

Deine Schwingung beeinflusst ununterbrochen die Schwingung anderer in Deinem Umfeld. Umgekehrt genauso. Schwingungen verbinden uns mit anderen Menschen und der Welt um uns herum. Wie Du gedanklich und gefühlsmäßig „drauf bist", strahlst Du, ohne ein Wort sagen zu müssen, mit Deiner Schwingung aus.

Deine Schwingung ist für jeden fühlbar und umgekehrt.

Bildlich gesehen, bist Du wie ein Wassertropfen im Ozean, der zum Wohlbefinden des gesamten Ozeans beiträgt. Du als

Wassertropfen, beeinflusst den ganzen Ozean, mehr als Du Dir vorstellen kannst. Nicht nur für Dich, sondern auch für die Erde und Wesen die darauf leben, ist Deine Schwingung enorm wichtig! Weshalb?

Es gibt nicht nur unsere eigene, individuelle Schwingung, sondern auch die Schwingung des menschlichen Kollektivs. Stell Dir vor, Du tust die Schwingungen der Gedanken, Glaubenssätzen, Worte und daraus entstandene Gefühle aller Menschen auf der Erde zusammen in einen großen Suppentopf. Du rührst sie um und daraus entsteht die Schwingung des menschlichen Kollektivs. Schmeckt uns diese Suppe? Sowohl unsere eigene Schwingung, als auch die kollektive, menschliche Schwingung, beeinflussen unser Wohlbefinden ununterbrochen.

Eine Suppe ausschließlich mit Gedanken, Glaubenssätze, Gefühle und Worte mit den Schwingungen der Liebe, Mitgefühl, Dankbarkeit, Toleranz, Fülle, Rücksicht, Vertrauen, Hilfs-bereitschaft und Ehrlichkeit würde uns sicherlich viel besser schmecken!

DAS GESETZ DER RESONANZ, oder auch DAS GESETZ DER ANZIEHUNG genannt, besagt: *So wie Innen, so Außen. So wie Außen, so Innen.*

Von jedem bewussten und unbewussten Gedanken, Glaubens-satz, Gefühl und Wort geht eine Schwingung aus und verbindet Dein Inneres mit der Außenwelt. *Du bist wie ein Magnet* und ziehst das an, was zu Deiner Schwingung passt. Schwingst Du in der Toleranzschwingung, dann ziehst Du tolerante

Menschen an. Schwingst Du in der Ehrlichkeitsschwingung, dann ziehst Du ehrliche Menschen an. Schwingst Du jedoch in der Streit- oder Gewaltschwingung, dann ziehst Du Menschen und Situationen an, die mit Gewalt und Streit zu tun haben. Schwingst Du in der Frieden- und Harmonieschwingung, dann ziehst Du Menschen und Situationen an, die die gleichen Eigenschaften von Frieden und Harmonie haben. Gleich zieht Gleiches an.

Die Schwingung von Harmonie schwingt wesentlich höher als der Schwingung von Gewalt und Streit. *DRAMA hat eine sehr niedrige Schwingung!*

Erkennst Du Dich selbst an, wirst Du anerkannt. Denkst Du schlecht von Dir selbst, wirst Du Menschen treffen die genau das bestätigen. Alles womit Du Dich befasst, wird ein Teil von Dir. Alles womit Du Dich befasst, erzeugt Schwingungen in Dir und diese Schwingungen beeinflussen das was Du, als Magnet, anziehst. Das was Du denkst, glaubst, fühlst, sagst und wie Du handelst zieht das Gleiche an. Du hast die Verantwortung. Du bist für jeden Gedanken, Glaubenssatz, jedes Gefühl, Wort und letztendlich Dein Handeln verantwortlich! *So wie Innen, so Außen. So wie Außen, so Innen.*

Deshalb ist es so wichtig die Schwingung Deinen Gedanken so hoch wie möglich zu halten. Wenn Du Deine Schwingung erhöhst, ziehst Du *automatisch* höherschwingende, positivere Lebenserfahrungen, Gelegenheiten und Menschen an. Du erschaffst etwas Besseres, nicht nur für Dich, sondern auch für unser menschliches Kollektiv und unsere Welt.

Was geschieht, wenn Du Deine Schwingung bewusst veränderst? Menschen, Situationen und Erlebnisse, die Du mit Deiner „alten Schwingung" angezogen hast, verschwinden langsam aber sicher aus Deinem Leben. Sie schwingen nicht mehr mit Deiner neuen Schwingung. Der Spruch: *„Wir sind nicht (mehr) auf der gleichen Wellenlänge."*, also Schwingung, verdeutlicht dies.

Wenn Du jetzt durch Deine Gedanken im höheren Schwingungsbereich, in allen Bereichen Deines Lebens, glücklich schwingst, dann kannst Du Dich sehr freuen. Du kannst aber noch glücklicher schwingen! Wenn Du durch Deine Gedanken im niedrigen Schwingungsbereich, in einem oder mehreren Bereichen Deines Lebens unglücklich schwingst, ist es vielleicht Zeit für Veränderung. Mit „Bereichen Deines Lebens" meine ich Beziehungen in der Familie, mit Freunden und Partnern, Deine Gesundheit, Deine Finanzen, Deine Freizeit und allgemein alles in Deinem Leben. Denke daran, Du empfängst das was Du mit Deiner Schwingung ausstrahlst. Es ist immer Deine Entscheidung, ob Du etwas verändern möchtest.

*****

ÜBUNG: Du als Magnet

Welche Eigenschaften in Menschen und Situationen ziehst Du an? Schreibe ein paar Beispiele auf und versuche zu erkennen weshalb das so ist. Vielleicht hast Du keine Ahnung weshalb Du bestimmte Menschen und Situationen anziehst. Auch gut. Nimm es einfach wahr, bewerte es nicht und beobachte weiterhin. Es wird Dir mit der Zeit einfacher fallen diese zu erkennen. Verstehe jedoch, dass irgendetwas in Dir diese Menschen und Situationen angezogen hat. Das soll kein Grund für Selbstkritik sein! Erinnere Dich, unser Unterbewusstsein (80% ist uns unbewusst) arbeitet in uns, deswegen ist es manchmal schwierig zu verstehen. Wenn jemand beispielsweise negativ über Dich spricht, überlege ob Du die Eigenschaft hast, negativ über andere zu sprechen. Wenn Du von jemanden ausgeschlossen wirst, überlege ob Du andere ausschließt.

*****

Jeder strahlt ununterbrochen aus, wer er ist. Jeder fühlt Dich und Deine Schwingung.

Du bist ein Spiegel für andere und sie ein Spiegel für Dich. Alle Menschen, die Du magst, spiegeln Teile von Dir, die Du magst. Deshalb fühlst Du Dich zu ihnen hingezogen und wohl in deren Gegenwart. Das was Dich an jemand anderem stört, hast Du auch in Dir, auch wenn es Dir nicht bewusst ist. Möglicherweise findest Du das Verhalten von jemandem abstoßend. Weswegen? Wenn Du jemanden für etwas kritisierst, schaue Dich selbst an, vielleicht kritisierst Du indirekt Teile in Dir selbst. Es ist wichtig alles anzuschauen, besonders das was Du als unangenehm empfindest. Es ist äußerst wichtig Dir mit der Zeit möglichst viele Deiner Gedanken und Glaubenssätze, die in Deinem Programm sind, bewusst zu werden.

*****

ÜBUNG: Was wird Dir gespiegelt?

Schreib ein paar Beispiele von Situationen aus Deinem Leben auf und frage Dich: *„Was wurde mir damals gespiegelt?"* Übe in zukünftigen Situationen, Dich zu fragen: *„Was wird mir jetzt gespiegelt?"*

*****

Ich persönlich habe Menschen früher weniger gut zugehört und war oft in meiner eigenen Gedankenwelt. Gleichzeitig war ich aber sehr frustriert, wenn mir Menschen nicht gut zugehört haben. Ich beobachtete Situationen in denen sich Menschen gegenseitig nicht zuhörten. Diese Situationen waren Spiegel, die mich erkennen ließen, dass ich mich bemühen sollte anderen besser zu zuhören. Darauf habe ich geachtet. Nach kürzester Zeit, merkte ich wie andere auch mir besser zuhörten. Ich bewegte mich nun auf der Schwingung des „gut Zuhörens" und zog auch dies vom Außen an. Gleich zieht Gleiches an.

Für alle Spiegel die mir vorgehalten werden bin ich sehr dankbar, auch wenn es teilweise unangenehm ist hineinzuschauen. Sie geben mir nicht nur die Gelegenheit mich selbst besser kennenzulernen, sondern auch etwas in meiner Programmierung zu verändern und dadurch mein Leben.

Akzeptiere wer Du im Moment bist! Dein Leben hast Du, durch Deine Gedankenwelt, *erschaffen!* Solltest Du einen Teil in Dir als nicht so großartig oder „gut genug" empfinden, kannst Du jederzeit die bewusste Entscheidung treffen aktiv zu werden. Wenn Du möchtest, *aktiviere, übe und integriere* die hochschwingenden Qualitäten von Dankbarkeit, Freundlichkeit, Ehrlichkeit, Integrität, Pünktlichkeit, Treue, Verlässlichkeit, Vertrauen, Akzeptanz, Vertrauenswürdigkeit, Rücksicht, Mitgefühl, Hilfsbereitschaft, Anständigkeit, Frieden, Harmonie, Höflichkeit, Respekt, Zuversicht und Freude in Dir. Alle diese Eigenschaften haben eine sehr hohe Schwingung und arbeiten vorteilhaft für Dich.

DAS GESETZ DER ANZIEHUNG, EINE AUSSNAHME:
Es kann sein, dass Menschen oder Situationen auf Dich „zukommen", die Du mit Deiner Schwingung nicht identifizieren kannst. In diesen Fällen, gibt es trotzdem etwas zu lernen. Als Beispiel: Jemand stiehlt von Dir, obwohl Du weißt, dass Du kein Mensch bist der stiehlt. Möglicherweise hast Du früher etwas „entwendet", auch wenn es noch so klein war und hast es vergessen. Vielleicht aber strahlst Du mit Deiner Schwingung in die Welt hinaus: *„Ich lasse alles mit mir machen und wehre mich nicht."* Oder, vielleicht ist es wichtig, dass Du Mitgefühl entwickelst für jemanden der stiehlt.

Es gibt immer eine wichtige Erkenntnis aus der Du lernen kannst!

Denke über Dich, Deine Eigenschaften und das was Du verändern und anziehen möchtest nach. Lasse einiges los, wähle das was Dich glücklicher schwingen lässt und *übe* das was Deine Schwingung hochhält.

Sei Dir immer wieder bewusst: Die höchste Schwingung der Liebe musst Du nicht wirklich üben. Dein wahres Selbst, Dein Wesenskern, ist auf Ewigkeit, die Schwingung der Liebe. Du hast immer die Wahl den gedanklichen „Müll", der Deine Schwingung verlangsamt und herunterzieht, aus dem Weg zu räumen. Dein gedanklicher Müll ist ein verschmutzter Filter und je mehr Du Dir dieser programmierten Gedanken bewusst wirst, sie loslässt und mit höherschwingenden Gedanken veränderst, desto mehr näherst Du Dich Deinem wahren, authentischen Selbst und strahlst es in die Welt hinaus.

Wie Du Deine Schwingung in die Welt hinausstrahlst, erfährst Du jetzt. Du hast nicht nur einen Körper, sondern FÜNF!

UNSER FÜNF KÖRPER SYSTEM

Es gibt sehr detaillierte, weitreichende Informationen über unser sogenanntes *„Fünf Körper System"*, unseren physischen Körper und seine vier feinstofflichen Energiekörper. Ich erkläre das was für uns am wichtigsten ist.

Die feinstofflichen Energiekörper umhüllenden den physischen Körper in Schichten. Sie sind Energiefelder, die Du Dir wie schwingenden Hüllen aus Energie vorstellen kannst. Diese Schichten haben keine begrenzte Form. Die vier feinstofflichen Energiekörper dehnen sich um Dich herum aus und beeinflussen das Wohlbefinden Deines physischen Körpers.

Der erste feinstoffliche Energiekörper um Deinen physischen Körper ist Dein *ÄTHERISCHER KÖRPER, auch Vitalitäts- körper,* genannt. Er beinhaltet Deine Lebenskraft. Die Energie für diesen Körper ziehst Du aus der Natur, Mutter Erde, Deiner Nahrung, der Sonne, dem Mond und vielem anderen.

Der zweite feinstofflichen Energiekörper ist Dein *EMOTIONALKÖRPER.* Dort hast Du Deine Gefühle, die Du durch Deine Gedanken erzeugt hast, gespeichert.

Der dritte feinstoffliche Energiekörper ist Dein *MENTAL- KÖRPER.* Dort hast Du Deinen Gedanken, Ideen, Glaubens- sätze, Überzeugungen, Informationen und auch die Zelleninformationen Deiner Vorfahren, gespeichert.

Der vierte feinstoffliche Energiekörper ist Dein *KAUSAL- KÖRPER,* Deine Seelenanteile, das höhere Selbst und die Verbindung zum Göttlichen, zum „Göttlichen Energiefeld".

Wir sind schon immer damit verbunden gewesen, nie davon getrennt, auch wenn es uns möglicherweise nicht bewusst ist.

Alle Körper möchten wahrgenommen werden!

Alle Körper schwingen, weil sie Energie sind. In Deinem physischen Körper hast Du zurzeit 15 Chakren, sehr bedeutenden Energiezentren, die in einer Reihe von Kopf bis Fuß, sowohl oberhalb und unterhalb Deines Körpers, in sich kreisen und schwingen. Wenn Du faszinierendes über Chakren lesen möchtest, gibt es zahlreicher Bücher und Information im Internet darüber.

Warum ist das alles wichtig? Obwohl Du Deine feinstofflichen Energiekörper nicht siehst, strahlen sie, als Schwingungen, die energetische, gespeicherte Informationen (Gefühle, Gedanken, Glaubenssätze, u. a.) in Dir, in die Welt hinaus. So „kommunizierst" Du mit Deiner Welt.

Erinnere Dich an vorherige Kapitel um es noch deutlicher zu machen.
Das was Du hinaus strahlst ist für jeden *fühlbar* und beinhaltet Informationen. Worte können lügen, aber unsere Schwingung lügt nie! Wir können tatsächlich, mit unseren feinstofflichen Energiekörpern *fühlen*, wer sich im niedrigen schwindenden Gedankenbereich und wer sich im höher schwingenden Gedankenbereich aufhält. Lasse Dich nicht täuschen, wenn Du jemanden mit einem Lächeln siehst und Dein Gefühl Dir sagt: *„Etwas stimmt nicht überein. Ich sehe sein Lächeln, fühle aber etwas anderes."*

Vertraue immer Deinem Gefühl!

Obwohl es Dir momentan nicht bewusst ist, Du *fühlst* und nimmst die Energie der Schwingung der anderen immer wahr und in Deinem Körper auf. Achte darauf wie Du Dich, in der Gegenwart unterschiedlicher Menschen, *fühlst*. Achte darauf wie Du Dich, an bestimmte Orte und Situationen, *fühlst*. Während eines Telefongesprächs, nimmst Du die Energie Deines Gesprächspartners wahr und in Deine Schwingung auf. Genauso ist es bei *jedem* Bildschirm (!!!), den Du anschaust. Du nimmst sogar die Schwingung der Worte von Texten auf. Dein Energiefeld nimmt alles um Dich herum *automatisch* auf.

*****

ÜBUNG: Der Schwingung anderer Menschen bewusst werden

Nimm die Menschen um Dich herum wahr. Werde Dir bewusst, wie Du Dich *fühlst,* während Du Familie, Freunde und Fremde nur anschaust. Strahlen sie eine höhere oder eine niedrige Schwingung aus?

Wie *fühlst* Du Dich, auch körperlich, während Ihr Euch unterhaltet? Wie *fühlst* Du Dich, während eines heiteren Gespräches? Wie *fühlst* Du Dich, während eines Streits? Sei Dir immer bewusst, wie Du Dich *fühlst*. Gegenseitig beeinflusst ihr gegenseitig die Schwingungen Eurer Fünf Körper Systeme, auch ohne Unterhaltung.

*****

Oft fühlt man, bei Menschen, Situationen und Orten, die eine niedrige Schwingung ausstrahlen, Stress im eigenen Körper. Diese Signale können in Form von einem komischen

Bauchgefühl, einem unangenehmen Prickeln, einer körperlichen Schwere oder einer Veränderung Deines Atems zum Vorschein kommen. Es kann auch sein, dass Du Dich hinterher geschlaucht fühlst, weil Deine Energie „gezapft" wurde, das kommt vor. Jeder Mensch, jede Situation, jeder Ort schwingt anders. Jeder empfindet anders. Achte immer auf Deinem Körpergefühl.

Vertraue immer Deinem Körper und dem was er Dir mitteilt!

Die Schwingungsskala hilft Dir die Frequenzen der Schwingungen besser einzuordnen.

DIE SCHWINGUNGSSKALA

Es gibt eine Schwingungsskala von Werner Ablass in seinem Buch *LEIDE NICHT, LIEBE - Über die Liebe zur Liebe ohne Objekt,* die dabei hilft, höhere und niedrigere Schwingungen zu verstehen und zu unterscheiden.

Am Anfang der *KYBALION - 7 Hermetischen Gesetze* steht: *„Wer das Prinzip der Schwingung versteht, hat das Zepter der Macht ergriffen."* Es ist die Schwingung Deiner Worte, Gedanken, Glaubens-sätze und Gefühle, die Dich von glücklich bis unglücklich schwingen lassen. Denke an Dein Fünf Körper System und alles was es beinhaltet. Wie hoch Du allgemein schwingst ist entscheidend für Dein Leben!

SCHWINGUNGSSKALA

Liebe (für Dich, Andere, Dein Leben)

Faszination (Begeisterung für Dein Leben)

Akzeptanz (für Dich, Andere, Deine Lebensumstände)

Gleichgültigkeit (Das meiste ist mir egal.)

Ablehnung (für Dich, Andere, Deine Lebensumstände)

Angst (um Dich, Andere, Dein Leben, Deine Zukunft)

Alles oberhalb der schwarzen Linie ist im „grünen Bereich" und arbeitet vorteilhaft für Dich. Alles unterhalb, arbeitet unvorteilhaft für Dich. Die Erläuterungen in Klammern habe ich in der Schwingungsskala ergänzt.

LIEBE ist die höchste Schwingung und somit die höchste Ebene. Liebe ist unsere wesentliche Energie und Schwingung. Die Energie der Liebe hält alles im Universum zusammen.

Unser wahres, authentisches Selbst ist Liebe. Die Energie der Liebe ist in jedem von uns und um uns, wir sind nie von der getrennt. Also, die universelle, liebevolle Kraft (Energie), Großer Geist, Great Spirit, Allah, Gott, Life Force u. a., wie Du sie nennen magst, ist in jedem von uns und um uns herum. Wir sind alle von dieser Energie der Liebe erschaffen worden! Öffne Dein Herz dafür.

ANGST ist die niedrigste Schwingung. Werner Ablass beschreibt die Ebene der Angst sehr deutlich: *„Weshalb ist die Angst die niedrigste Ebene in der Schwingungsskala? Weil es keine Emotion gibt, die Dich stärker gefangen hält, zusammenzieht und verkrampft."*

Früher habe ich mir *erlaubt, unbewusst,* geleitet durch mein „Gedankengut", durch alle Ebene zu schwingen. Ich habe mir erlaubt, wochenlang in der Angst Schwingung zu verharren. Wir sollten uns nicht kritisieren, egal auf welcher Ebene der Schwingungsskala wir uns aktuell befinden. Es gab einzelnen Tage und Wochen, an denen ich mehrmals die Skala hoch und runter geflitzt bin. Ich war in einem anstrengenden Kreislauf gefangen!

Gefangen im Kreislauf von *wiederkehrenden* Gedanken und Gefühlen, erlaubte ich meinem Ego zu bestimmen auf welcher Ebene ich mich gerade aufhielt. Mein Ego *wollte* den Kreislauf am Laufen halten, da es keine Veränderungen mag.

*****

ÜBUNG: Du auf der Schwingungsskala

Schaue die Schwingungsskala an und erinnere Dich ganz kurz an Momenten wo Du auf jeder „Stufe" der Skala warst. Auf welche „Stufen" befindest Du Dich allgemein heute?

*****

Du hast *immer* die Möglichkeit *jede* Schwingung zu verändern und Dich auf der Skala hinaufzubewegen. Du brauchst nur Deine Worte, Gedanken und Glaubenssätze *in dem Moment* zu verändern. Deine Gefühle sind Dein Messgerät. *Achte immer darauf, wie Du Dich fühlst!*

Die große herausfordernde Überlegung!

Erlaubst Du Deinem Ego, aus Deiner alten Programmierung, sprich Deinen Worten, Gedanken, Glaubenssätzen und Gefühlen, auszusuchen? Erlaubst Du Deinem Ego Deine Schwingungsfrequenz zu bestimmen? *Oder, übst Du* Deine Worte, Gedanken, Glaubenssätze und Gefühle zu beobachten und sich derer bewusst zu werden? Veränderst Du sie damit sie vorteilhaft für Dich arbeiten? Entscheide selbst, *aktiv und verantwortungsvoll*, wie Du schwingen möchtest und mache die nötigen Veränderungen durch Deine Worte, Gedanken und Glaubenssätze.

Lass uns einige Beispiele im nächsten Kapitel anschauen. Wie bei jeder neuen Übung, ist zunächst mehr Konzentration erforderlich. Mit der Zeit wird es wesentlich einfacher und Du wirst staunen welche positiven Veränderungen Du damit bewirken kannst! Absicht zu haben ist sehr kraftvoll. *Durch die Absicht* Deine Schwingung zu erhöhen, wird es Dir jeden Tag immer mehr gelingen.

WORTE UND GEDANKEN AN DER SCHWINGUNGSSKALA

Deine Worte sind die „Produkte" Deiner bewussten und unbewussten Gedanken und Glaubenssätze. Wir können uns die Macht unserer Worte kaum vorstellen! Alana Fairchild schreibt: *„Unsere Worte sind unsere Gedanken auf Steroiden."* Ich empfinde, während ich schmunzele, dass diese Aussage die Macht unserer Worte verdeutlicht.

Erinnerst Du Dich an die Frau mit ihrem Glas Wein, alleine, in ihrer Wohnung?
Es wurden zwei unterschiedliche Möglichkeiten dargestellt, über ihre Situation nachzudenken. In Szenario A waren ihre Gedanken, an der Schwingungsskala unter der schwarzen Linie bei Gleichgültigkeit, Ablehnung und Angst. In Szenario B waren ihre Gedanken über der schwarzen Linie im „grünen Bereich". Ich hoffe, Du hast die unterschiedliche Schwingung der Gedanken beim Lesen deutlich *gefühlt,* sonst lese sie bitte noch einmal und *fühle.*

Welche Worte hätte die Frau wohl gewählt, hätte Sie ihre Situation einer Freundin oder einem Freund geschildert?

Kennst Du das? Eine Bekannte fragte mich: *„Wie geht es Dir?"* Normalerweise antwortet man grundsätzlich mit: *„Mir geht es gut!",* auch wenn dies nicht immer ganz der Wahrheit entspricht. Meistens hat man keine Lust über seine wahren Gefühle zu sprechen und ehrlicherweise würden es die meisten Menschen es auch gar nicht wirklich hören wollen.

Ich fühlte mich nach solch einer Interaktion, immer etwas unehrlich und das störte mich. Mit der Zeit ist mir jedoch bewusst geworden, dass diese simple Aussage: *"Mir geht es gut!"*, obwohl ich mich in dem Moment nicht so fühlte, die beste, höchstschwingende Aussage war, die ich hätte aussprechen können. Letztendlich waren es *nur* meine Gedanken, die mir das Gefühl gaben, mir ginge es nicht gut. In dem ich antwortete: *„Mir geht es gut!",* erhob ich meine Schwingung aus der niedrigen Frequenz heraus. Um diese neue Schwingung zu halten, habe ich schnell meine Gedanken überprüft und verändert. Ich habe mich einfach daran erinnert, dass vieles in meinem Leben gut verläuft und ich dafür *sehr dankbar* bin! Die Tatsache, dass ich sehen, hören, gehen und über vieles lachen kann sind schon viele Gründe dankbar zu sein! *JEDER* beliebige, höher schwingende Gedanke hätte mir geholfen!

Mit Freunden ist es häufig anders. Als eine Freundin mich fragte, wie es mir geht, antwortete ich ehrlich: *„Zurzeit fühle ich mich kraftlos und weiß überhaupt nicht weshalb. Vielleicht ist es, weil ich noch so viel zu tun habe, wovon ich vieles eigentlich nicht tun will. Ich weiß nicht, wie ich das alles schaffen soll."* Meine Freundin hörte sich das Klagen meines Egos an und bemühte mich mit trostspendenden Worten zu erheitern. Zum Schluss beschlossen wir beide, was wir eigentlich von Anfang an wussten: *„Ich muss da einfach durch!"*

Mit meiner Freundin wollte ich meine ehrlichen Gefühle aussprechen. Am Ende habe ich mich noch mieser und kraftloser gefühlt. Kein Wunder, ich hatte mir selbst erlaubt tiefer auf der Schwingungsskala abzurutschen und zog meine Freundin ungewollt gleich mit.

Mein Ego plädierte: *„Ja aber, so fühltest Du Dich in dem Moment, ehrlich!"* Meine Worte waren das Produkt meiner Gedanken, die meine Schwingung tief hinunterzogen. Hätte ich mir selbst richtig zugehört, hätte ich höher schwingenden Worte wählen können und mir den „Kellerbesuch" erspart. Ich hätte ehrlich sagen können: *„Im Moment fühle ich mich von meiner To-Do-Liste leicht überfordert. Ich bin mir sicher, dass ich alles rechtzeitig schaffe. Ich schaffe immer alles!"* Dann hätte ich *mit Absicht* ein neues, höherschwingendes Thema ausgesucht.

Mit folgenden Gedanken hätte ich mir helfen können, noch *vor* dem Besuch meiner Freundin, die Stimmungsskala heraufzuklettern:

Das ist nicht das erste Mal, dass ich mich so fühle. Es gab ähnliche Situationen und ich habe immer alles rechtzeitig geschafft. Ich teile mir meine Zeit mit Pausen auf. Es ist sicherlich schneller erledigt als gedacht. Jetzt mache ich einen kurzen Spaziergang und esse eine Kleinigkeit. Dann gehe ich mit voller Kraft an die Arbeit. Ich freue mich schon darauf alles erledigt zu haben. Ich fühle diese Freude jetzt schon in mir! Ich nehme mir einen Moment, schließe *meinen Augen, atme ruhig und fühle die Freude, die ich durch meine Gedanken erzeugt habe.*

Fühlst Du die Veränderung und die Leichtigkeit, die ich durch meine Worte erschaffe? Hier führe ich Regie!

Du kannst Deine Gedanken und Worte über jeder Situation wählen, die Du möchtest. Deine Gefühle verraten, in welchem

Schwingungsbereich Du Dich befindest. Willst Du Dich besser fühlen? Dann, wähle Gedanken die Dich besser fühlen lassen! Stelle die Frage, besonders wenn Du unglücklich schwingst: *„Wie möchte ich mich jetzt fühlen?"* Verändere Deine Gedanken und Worte, bis Du Dein gewünschtes Gefühl *selbst* erzeugt hast.

Wenn Du die Gedanken und Glaubenssätze nicht herausfinden kannst, die zu Deinem unerwünschten Gefühl geführt haben, dann wähle einfach Gedanken mit denen Du Dich besser fühlst. Es ist egal welches Thema! Also, „Thema wechseln". Denke bewusst andere Gedanken, bis Du Dich wirklich besser und besser fühlst. Du wirst die Leichtigkeit in Deinem Körper *fühlen*.

Vielleicht hilft es Dir, wenn Du Dir eine Treppe vorstellst: Die erste Stufe ist Dein gewählter Gedanke, der Dich sehr gut fühlen lässt. Die zweite Stufe ist Dein gewählter Gedanke, der Dich noch besser fühlen lässt. Wähle weiteren Gedanken, bis Du ganz oben angekommen bist.

*****

ÜBUNG: Sei vorbereitet

Als Unterstützung, kannst Du ein kleines Heft besorgen und schon *vorher* hochschwingenden Gedanken, „Gutfühlenden Geschichten" und „Sprüche" hineinschreiben. Vielleicht brauchst Du nur ein paar Stichworte oder Sätze, um Dich wieder in ein hochschwingendes Gefühl hinein zu bringen. Du kannst auch Bilder, Fotos und alles was Dich aufheitert hineintun.

Falls Du später, während eines Tiefpunktes, Aufheiterung wünschst, schaue in Dein Heft und verharre so lange, bis Du Dich besser und glücklicher fühlst. Schließe die Augen und *bade* richtig in diesem Gefühl. Bringe Deine Fantasie ins Spiel, visualisiere alles vor Dir. Du wirst merken, dass Du, währenddessen und auch danach, Dich *körperlich* wohler fühlst. *Dank Dir selbst!* Du hast Dich auf ein höher-schwingendes Gefühl gebracht und die Verantwortung für Deine Gefühlswelt übernommen!

*****

Ich habe gemerkt, dass mein Ego sich positiver und besser „benimmt", wenn ich meine Gedanken und meine Gefühle öfters unter die Lupe nehme. Ich habe mir diese Übung zur Priorität gemacht!

Werde Dir bewusst was Dein Ego Dir vorgibt und führe selbst Regie!

In den USA, sagen wir: „Piece of cake!"
(übersetzt „ein Stück Kuchen!"). Genau das sage ich, wenn ich vor eine Herausforderung stehe und ich meinem Ego, klipp und klar sagen möchte, dass etwas einfach wird und ich es schaffe. Ich programmiere mich dadurch neu!

Denke an den Spruch von Pippi Langstrumpf von vorhin: *„Das habe ich noch nie versucht, also bin ich völlig sicher, dass ich es schaffe!"*

*****

ÜBUNG: Schnell Regie übernehmen

Finde Deinen eigenen, möglichst kurzen, hochschwingenden und aufbauenden Ausdruck dafür. Verschwende keine Zeit Dein Ego klar zu machen, dass Du Regie führst. Ich schenke Dir gern „Piece of cake!", wenn Du möchtest!

*****

Nach dem „Untertauchen" im niedrigen Schwingungsbereich mag es schwieriger sein, die Schwingung eines Gespräches zu erhöhen, es ist aber absolut machbar! Es macht sogar richtig Spaß das Gespräch mit hochschwingenden Worten wieder bewusst hochzubringen! Wähle einfach anderen Worte, Deine Mühe wird belohnt. Innerhalb kürzester Zeit wirst Du die Schwingung im Körper fühlen und Dich besser fühlen. Sicherlich wirst Du merken, wie kraftvoll Deiner Worte sind.
Ich merke, dass ich immer weniger Geduld für Gespräche habe. die im unteren Schwingungsbereich auf der Skala liegen, egal ob mit mir selbst, oder anderen. Ich habe mir vorgenommen, meine Schwingung so hoch wie möglich zu halten!

*****

ÜBUNG: Fühle die Schwingungen eines Gesprächs

Schreibe ein kurzes, fiktives Gespräch zwischen zwei Freunde auf und lasse die Schwingung des Gespräches hoch und runter gehen. Hab Spaß dabei! Fühle diese Schwingungen im Körper.

*****

Jeder kennt die Situation sich auf eine Prüfung vorbereiten zu müssen. Das Ego meldet sich meist schnell:

„Dieses Mal muss ich wirklich lernen. Letztes Mal habe ich total versagt. Ich kann nichts dafür, egal wie viel ich lerne, bekomme ich nie eine gute Note. Ich habe keine Lust. Meine Freunde haben es immer leichter. Es wird wohl eine lange Nacht sein und ich bin jetzt schon müde. Ich hätte früher anfangen müssen."

Wo schwingst dieses „Ego-Geschnatter" auf der Schwingungsskala? Wie *fühlst* Du Dich dabei?

Jetzt übernimmst *Du* die Regie von Deinem Ego und sagst oder denkst stattdessen:

„OK, morgen ist die Prüfung, ich setzte mich hin und lerne das was zu lernen ist. Ich bin ganz entspannt und werde staunen wie gut es mir morgen gelingt. Die gute Note ist mir sicher. Zwischendurch mache ich Pausen, bleibe entspannt und sehe zu, dass ich genug Zeit zum Schlafen habe. Morgen stehe ich auf und weiß, dass ich gut vorbereitet bin. Ich gebe mein Bestes!"

Mit dieser hoch schwingenden Einstellung, fällt Dir das Lernen bestimmt einfacher. Wie ist Dein *körperliches* Wohlbefinden?

Henry Ford hilft uns mit einem Zitat: *„Egal ob Du denkst Du kannst es, oder Du kannst es nicht, Du wirst Recht behalten."*

Das was Du denkst ist entscheidend für Dein Leben!

Falls Dir die Prüfung nicht wie erhofft gelingt, übe keine Selbstkritik, niemals! Du hast immer die Macht Deine Gedanken über dieses Ergebnis zu verändern! Denk dran, dass Du Dich höher auf die Schwingungsskala bewegen möchtest. Lobe Dich für Deine Mühe, für Deine neuen Gedanken und Einstellung dazu. Akzeptiere die Note als das Beste was Du in dem Moment konntest und überlege Dir, wie Du Dich für nächstes Mal noch besser vorbereiten kannst. Lass Dich nicht in ein machtloses Opfergefühl hinunterziehen! Stelle Dir vor, dass das was Du lernen *möchtest*, sehr interessant ist (auch wenn Du bei der Vorstellung zunächst mit den Augen rollst und lachst). Wenn Du wirklich *denkst*, dass es interessant ist, wird es Dir leichter fallen. Gibt Dir reichlich Zeit zum Lernen. Vielleicht möchtest Du mit anderen, die schwingungsmäßig gut drauf sind, lernen. Sage Dir, dass Du gut vorbereitet bist und die Prüfung Dir gut gelingen wird. Gib immer Dein Bestes! Wir können unvorstellbare mit hochschwingenden Gedanken bewirken.

Ein Tipp: Benutze das Wort „*möchte*" statt „*muss*". Es schwingt höher. Probiere es aus und fühle den Unterschied zwischen: „*Ich möchte das tun.*" und „*Ich muss das tun.*" ausprichst. Bei mir ist der Druck den ich verspüre, plötzlich ganz anders oder komplett verschwunden.

Indem Du Deine Gedanken und somit Dein inneres Programm änderst, erschaffst Du Deine neue Realität. Welche Realität möchtest Du? Manche Situationen ändern sich sehr schnell, manche brauchen Zeit. Alles, auch Situationen und Menschen, mit denen Du nicht mehr auf gleicher Ebene schwingst, verschwinden mit der Zeit wie von Zauberhand. Du ziehst sie nicht mehr an. Du kannst nichts und niemanden anziehen, die „anders" schwingen, da keine Resonanz der Schwingungen stattfindet.

Werde Dir dem „Ego Geschnatter" zunehmend bewusst. *Es ist Dein Ego das sich beklagt!* Dein wahres, authentisches Selbst kennt Deine Kraft und Macht, Deine Schwingung zu verändern. Du veränderst und erhöhst die Schwingung Deiner Worte, Gedanken und Glaubenssätze um ein schönes, hoch-schwingendes Leben zu erschaffen. Es ist sehr spannend die Auswirkung dieser Veränderungen zu beobachten. Übung macht die Meisterin und den Meister!!!

*****

ÜBUNGEN: Veränderungen vornehmen

1. Erinnere Dich an ein niedrigschwingendes Gespräch, das Du mit Dir selbst hattest. Schreibe es auf. *Fühle!* Dann, verändere bewusst Deine Gedanken. Wähle neue Worte und schreibe sie auf, damit sie vorteilhaft für Dich arbeiten und Du Dich *viel besser* fühlst. Lese sie durch und *fühle!*

2. Erinnere Dich an ein niedrigschwingendes Gespräch, das Du mit jemanden hattest. Schreibe es auf. Verändere Deine Worte damit sie vorteilhaft für Dich arbeiten. Verändere die Worte Deines Gesprächs-partners, damit sie vorteilhaft für ihn arbeiten. Lese es durch und *fühle!*

3. Unterhalte Dich mit jemandem, höre zu und werde Dir bewusst in welchem Schwingungsbereich das Gespräch schwingt. *Fühle* wie Du Dich, auch körperlich, während dieses Gespräches, fühlst. Im welchem Schwingungsbereich auf der Skala liegt es? *Fühle* ob dieses Gespräch Deine Schwingung die Skala hinauf oder hinunterzieht. Werde Dir bewusst, ob Du das oft bei der Unterhaltung mit dieser Person fühlst?

4. Wenn Du merkst, dass eine Unterhaltung in einem niedrigen Schwingungsbereich abrutscht, experimentiere mit höherschwingenden Worten, Gedanken das Gespräch auf ein höherschwingendes Niveau zu bringen. *Fühle* ob eine Schwingungsveränderung stattgefunden hat. Gelingt es Dir oder Dein Gegenüber „unten" zu bleiben? Überlege ob Du dem Gespräch erlaubst, Deiner Schwingung hinunterzuziehen. Oft hilft es zu sagen: *„Lass uns es anders angehen."* oder *„Wenn man es anders betrachtet..."* Wähle zu bleiben oder zu gehen.

Du tust Dir selbst keinen Gefallen, wenn Du meinst Du musst niedrigschwingenden Gesprächen aushalten und die Energie tragen. Ausreden gibt es genug!

*****

Es kann sehr anstrengend sein, die Schwingung eines Gespräches zu erhöhen. Wie gesagt, manche möchten unten bleiben und Dich gleich mit hinunterziehen und dort halten. Deinem Gegenüber geht es nicht gut, warum soll es Dir gut gehen? Es ist nie Deine Aufgabe die Schwingung der anderen zu erhöhen, jeder ist für sich selbst verantwortlich. Auf Deinem neuen Weg, werde Dir der Schwingung von Gesprächen und Deiner Gesprächspartner zunehmend bewusst. *Entscheide weise für Dich!*

HÄTTE ICH DAS FRÜHER GEWUSST:
Es ist nicht zu unserem Vorteil, wenn wir Geschichten, über niedrigschwingenden Menschen, Situationen und Erlebnissen aus unserer Vergangenheit, immer wieder erzählen. Manche wälzen sich richtig darin und fühlen sich wohl in diesem Opferbewusstsein. Um es bildlich zu verdeutlichen, es ist wie ein Schwein, das sich mit Freude *immer und immer wieder* im Schlamm wälzt. Unbewusst, *füttern* wir die Geschichte, die Menschen, Situationen und Erlebnisse mit unserer Energie. Wir beleben sie, halten sie am Leben. Gleichzeitig rauben sie unsere Energie, die wir in diesem Abschnitt unseres Lebens brauchen.

Mehr dazu jetzt!

ENERGY FLOWS WHERE ATTENTION GOES

"Energy flows where attention goes!" Ich liebe diesen englischen Spruch, weil er sich reimt und somit einfach zu merken ist! Übersetzt bedeutet er nichts anderes als: *„Energie fließt dorthin worauf Du Deine Aufmerksamkeit richtest."*

Wie gesagt, Dein Ego möchte Dich in Deiner alten Programmierung halten, indem es Deinen Gedanken entweder in die Vergangenheit oder in die Zukunft lenkt. Die alte Programmierung beinhaltet Deine alten, gespeicherten Gedanken, Glaubenssätze und Reaktionen auf die Situationen in Deinem bisherigen Leben. In der Gegenwart, im *Hier und Jetzt*, hat Dein Ego kein Einfluss auf Dich. Erinnere Dich an das Beispiel von Händewaschen aus einem vorherigen Kapitel, das beschrieb wie Du im Hier und Jetzt sein und bleiben kannst. Erschaffe Dir jedes Mal eine Ego Pause, wenn Du Deine Hände wäschst. Übe Dich in Deinem Alltag ins Hier und Jetzt zu kommen, auch wenn es zu Beginn vielleicht nur wenige Minuten sind. Mit der Zeit wirst Du es schaffen die Dauer langsam zu steigern.

Aufpassen! Wohin Du Deine Aufmerksamkeit richtest, ob in die Vergangenheit, die Gegenwart (Hier und Jetzt) oder die Zukunft, fütterst Du mit Deiner Energie!

Also, was *FÜTTERST* Du mit Deiner Energie? Wo schaust Du hin?

GEDANKEN AN DIE VERGANGENHEIT:
Solltest Du merken, dass Du *häufig* in der Vergangenheit und traurigen Geschichten feststeckst, mach Dir bewusst, dass Du

diese niedrigschwingenden Gedanken mit Deiner Energie *fütterst*, indem Du daran denkst und immer wieder davon erzählst. Die vergangenen, schmerzhaften Geschichten werden dadurch am Leben gehalten und bei jeder Wiederholung verstärkt. Sie beeinflussen Deine gegenwärtige Schwingung mehr als Du Dir vorstellen kannst. Mit jedem wiederholten Gedanken schickst Du verstärkt Deine Energie in die Vergangenheit, obwohl Du Deine Energie in Deiner Gegenwart brauchst! Du schwächst Dich und Deine Schwingung dadurch.

Stell Dir einen Energieschlauch vor, der Dich und die andere Person und Situation fest verbindet. Du *fütterst* dieser Person und Situation mit Deiner Energie, wenn Du darüber nachdenkst oder darüber sprichst indem Du Deine damaligen Gefühle erneut aufleben lässt. Weil Du und Dein Gegenüber noch „verbunden" seid, beeinflussen Eure Energien Euch gegenseitig.

Möchtest Du diese Person und die vergangene Situation weiterhin mit Deiner Energie füttern? Möchtest Du, dass diese Person und Situation noch Einfluss auf Deine Energie in der Gegenwart haben? Wenn nicht, entziehe dieser Person und Situation die Energie indem Du ihr keine Aufmerksamkeit mehr schenkst. Wende Deine Aufmerksamkeit auf etwas Erfreulicheres, dass Deine Schwingung hochhält und Dich besser fühlen lässt. Nutze dafür Dein „Gutfühlenden Geschichten" Buch. Lese sie bis Du Dich besser fühlst. Vielleicht schreibst Du auch neue Geschichten dazu.

Alles was Du in Deiner Vergangenheit angezogen hast, hast Du selbst, durch die Schwingung Deiner Worte, Gedanken, Glaubenssätze, Eigenschaften und Handeln angezogen. Du bist kein Opfer! Du bist ein Magnet! Du bist für alles in Deinem Leben verantwortlich, auch wenn Du nur einen Bruchteil davon verstehst.

Deine Vergangenheit bestmöglich zu verstehen und zu akzeptieren, bringt Dich in den grünen Bereich der Schwingungsskala. Wenn Du in den alten schmerzhaften Geschichten wälzt, hältst Du Deine Schwingung im Keller. So wird Energie von Dir abgezogen und das erschwert Dein gegenwärtiges Leben. Vielleicht fragst Du Dich, warum Dir immer niedrigschwingende Dinge passieren. Mit solchen Gedanken und Wörtern, hältst Du genau solche Dinge *energetisch* in Deinem Leben. Sie schwingen in Deiner Energie. Du denkst, dass es Dir „immer wieder passiert" (*Aufpassen, Glaubenssatz*), also tut es das auch. So machtvoll sind Deine Gedanken!

Wenn Gefühle über alte Geschichten hochkommen, ist es wichtig diese zu honorieren und sie hochkommen zu lassen. Bewerten solltest Du sie jedoch nie. Es sind *nur* alte Gefühle. Nur wenn Du Dir die Zeit nimmst sie *richtig zu fühlen,* fühlen sie sich wahrgenommen und können gehen. Nach meiner Erfahrung, kommen einige, wenn Du bereit bist sie zu fühlen, hoch. Es kann dann Stunden, Tage, Wochen oder Jahre dauern bis andere Gefühle bereit sind hoch zu kommen. Wenn sich alte Gefühle schon trauen sich zu melden, dann schenke ihnen Deine Aufmerksamkeit. Sie wieder zu unterdrücken erschwert Dein Leben. Ich habe es oft probiert, ohne Erfolg. Am besten Du lässt sie hoch und hinaus fließen. *Fühle* den Schmerz, die Trauer, die Wut oder den Frust erneut und lasse Dich darauf ein, bevor Du sie loslässt.

Manchmal hilft es dabei zu Weinen. Das ist kein Zeichen von Schwäche! Wenn Du die Glaubenssätze: *„Indianer kennen keinen Schmerz."* oder *„Zu weinen ist schwach."* in Deiner Programmierung hast, ist es vielleicht an der Zeit diese zu ersetzen. Ein möglicher neuer Glaubenssatz könnte sein: *„Weinen zeigt stärke und ist gut für mich! (Ich bin verletzt und Weinen hilft mir alte Gefühle hochkommen and los zu lassen, damit ich mich davon befreien kann.")*

Nachdem Du alle Deine Gefühle, die herauskommen wollten, gefühlt und herausgelassen hast, nehme Dir die Zeit Dich zu entspannen. Fühle ob zusätzliche Gefühle hochkommen möchten. Lasse auch diese heraus. Danach lobe Dich für diese großartige Leistung. Vielleicht bist Du zuerst erschöpft, aber danach wirst Du die Leichtigkeit fühlen! Bewege Dich schnellstmöglich in Richtung höher schwingenden Gedanken.

Leiste keinen Widerstand!

Wenn Du Gedanken oder Gefühle loszuwerden *versuchst*, werden sie hartnäckig, weil Du Widerstand leistest. Wenn Du Widerstand leistest, indem Du beispielsweise denkst: *Ich will diesen Gedanken nicht mehr haben und ihn loswerden,* dann versorgst Du den Gedanken und damit verbundenen Gefühle in genau diesem Moment mit Energie. Um etwas loszuwerden, ziehe einfach die Energie Deiner Aufmerksamkeit davon zurück. Suche dann *mit Absicht* andere Gedanken, die Dich höher schwingen lassen. Sicherlich hilft Dir Dein Buch mit „Gutfühlenden Geschichten"!

Zu wissen ob Du Deine Gedanken und Deine Gefühle über die Vergangenheit Deine Aufmerksamkeit schenken sollst oder nicht, wirst Du mit der Zeit erkennen. Nach meiner Erfahrung, waren die Gefühle die hinauswollten, intensiver. Sie wiederholten sich und ließen mich nicht los. Sehr unangenehme Gefühle wollen meistens noch mal gefühlt und verabschiedet werden. Sei ganz entspannt, wenn ein Gefühl, dass Du meintest schon längst verabschiedet zu haben, sich wieder zeigt. Manchmal kommen „Reste". Deine Gedanken und Gefühle die flüchtig sind, kannst Du ohne Deine Aufmerksamkeit ziehen lassen.

Es ist immer ratsam genauer hinzufühlen um zu erkennen was sie brauchen.
Auch wenn Du Dir die Zeit nimmst sie zu verabschieden, kann es sein, dass Dein Ego Dich gelegentlich flüchtig daran erinnert. Beiß nicht an! Es möchte nichts loslassen, keine Veränderung.
EGO: *„Ich will nicht, dass Du dieser schmerzhafte Gedanken und Gefühle über diese Beziehung loslässt. Alle Beziehungen die noch kommen, sind höchstwahrscheinlich auch so."* Wenn Du Dein Ego dabei ertappst, Dir Gedanken über alte, traurige Geschichten in Erinnerung zu rufen, kannst Du auch deutlich *„Jetzt nicht!"* oder *„Nein, danke."* sagen. Vorher, fühle ob Gefühle hinaufkommen und losgelassen möchten.

Bewegung hilft Dir besonders, wenn Du Dich entscheidest aus dem Schlamm der Vergangenheit zu kommen. Steh auf, beweg

Dich, gehe spazieren. Tue etwas, dass Du gerne tust. Gibt es etwas was Dich richtig zum Lachen bringt? Denke daran und bade in diesem Gefühl. *DU entscheidest, wie Du Dich fühlen möchtest!* Wenn die Gedanken und Gefühle absolut nicht gehen möchten, ist es ein Zeichen, dass sie Deine Aufmerksamkeit brauchen.

Gib Deinem Ego keinen freien Lauf. Wenn Deine Stimmung durch miese Gedanken im Keller landet, wird Dein Ego Dir weitere, ähnliche Gedanken ins Gedächtnis rufen, und zwar massenhaft. Miese, niedrigschwingende Gedanken ziehen leider weitere miese Gedanken an, wie ein Magnet. Dadurch wird Deine Schwingung noch tiefer hinuntergezogen. Wenn Du einige Zeit in diesem Schlamm wälzen möchtest, tue es. Es ist Deine Wahl ob Du leiden möchtest, aber sei Dir bewusst, dass diese Gedanken unvorteilhaft für Dich arbeiten. Es gibt immer höher schwingende Gedanken „gleich um die Ecke"!

Stehst Du auf Drama? Auch wenn Du nur Drama in Filme und Serien schaust, investierst Du wiederholt Deine Energie in das Thema „Drama". Wundere Dich also nicht, wenn Du Drama anziehst. Du hast durch Deine Aufmerksamkeit dem Universum signalisiert, dass Du Drama magst, also schickt es Dir Drama. Du bist ein Magnet. Drama im eigenen Leben zu haben, schwächt Deine Energie und zieht Deine Schwingung hinunter. Drama zieht Drama an!

Übrigens, wie die Frau mit dem Glas Wein, Du kannst eine komplett neue Einstellung über *jede* Geschichte und *jede* Situation erschaffen. Schenke lieber den schönen Geschichten

Deine Aufmerksamkeit und Energie. Ersetze die alten Geschichten mit Neuen. Das ist sehr positiv für Dich!

Betrachte die Vergangenheit in einem anderen Licht! Sie ist vorbei!

*****

ÜBUNG: Denke anders darüber

Werde Dir einer traurigen Geschichte aus Deiner Vergangenheit bewusst, die Du Dir und anderen immer wieder erzählst. *Schreibe sie nicht auf,* aber frage Dich ob Du diese Geschichte weiterhin mit Deiner Energie füttern und verstärken möchtest. Möchtest Du mit der Person und Situation verbunden bleiben? In welchem Schwingungsbereich auf der Skala schwingt die Geschichte? Wie fühlst Du Dich, wenn Du darüber nachdenkst oder davon erzählst? Ist es zu Deinem Vorteil dort zu bleiben? Falls Du die Geschichte immer wiederholst, frage Dich, was Du davon hast. Wenn Du Dich als Opfer fühlst, so beförderst Du Dich in eine niedrigere Schwingung.

Hast Du etwas „Positives" an dieser Situation übersehen? Du könntest es als eine Lebenserfahrung betrachten von der Du gelernt hast, oder wähle neu über die Person und Situation zu denken. *Jeder trägt seinen Anteil zu einer Situation bei.* Denke an die Gesetze. Wenn Du möchtest, *spiele* mit ein paar neuen, fantasievollen, hochschwingenden Gedanken über die Person oder Situation und schreibe sie auf. Bade in diese neuen Gefühle und füttere sie mit der Energie Deiner Aufmerksamkeit.

*****

Wenn Du hochschwingende Gedanken hältst, verschwinden die anderen, langsam und sicher und dadurch auch die alten Gefühle. Wenn Du denkst: *Diese Geschichte gehört zur Vergangenheit. Die Vergangenheit ist vorbei. Sie war einer Lebenserfahrung, mehr nicht. Ich bin stark und erschaffe mir selbst eine glücklichere Zukunft.*, so bringst Du Dich auf eine höhere Schwingung. Du kannst jeder Geschichte ändern, wie Du möchtest. Das Ziel bleibt gleich, Du möchtest glücklich, glücklicher und noch glücklicher schwingen! Das erreichst Du indem Du höherschwingenden Gedanken wählst.

Falls Du in die „Ich Arme, ich!" Opferrolle verfällst, erinnere Dich, *Du bist nur Opfer, wenn Du wählst Dich als Opfer zu sehen!* (Glaubenssatz: „Ich bin ein Opfer.") Oft fühlt es sich sehr gut an, in der Opferrolle zu bleiben, da Du Deine Verantwortung für Deine Situation an einen anderen „Schuldigen" abgibst. Vielleicht genießt Du die Aufmerksamkeit, während Du das Opfer spielst? Dein Ego und möglicherweise Dein Gegenüber, werden Dich dabei unterstützen unten zu bleiben. Sei Dir bewusst, dass Du, so lange Du in der Opferrolle bist, der vermeintlich schuldigen Person oder Situation Deine Macht und Deine Energie schenkst.

In der Opferrolle zu verharren zieht noch mehr Menschen und Situationen an, in denen Du Dich als das Opfer fühlst.

Denkst Du zum Beispiel häufig, dass Dich andere Personen schlecht behandeln, so bestärkst Du diesen Glaubenssatz und ziehst Situationen und Menschen, die Dich „schlecht behandeln", magisch an. Oft ziehen wir solche Menschen und Situationen an, weil wir uns selbst nicht schätzen. Das, was wir

dann erfahren, bestätigt uns unser mangelndes Selbstbewusstsein.

Wenn Du jedoch selbst die Verantwortung für die Situationen
in Deinem Leben übernimmst, wird es Dir gelingen die
Opferrolle zu verlassen. Wähle lieber Gedanken über Dich
selbst, die vorteilhaft für Dich arbeiten. Ist es an der Zeit zu
fragen: *„Was halte ich wirklich von mir selbst?"*

GEDANKEN AN DIE GEGENWART:
Energy flows where attention goes! Was fütterst Du *aktuell* mit
Deiner Energie?

Mir war lange nicht bewusst, dass wenn ich die Nachrichten
zuschaue, ich die Menschen, Ereignisse, aber auch die
Nachrichtensprecher mit meiner Energie füttere. Alles was wir
anschauen, hören, womit wir uns befassen und worüber wir
reden, füttern wir mit der Energie unserer Aufmerksamkeit.

Tauschst Du traurige Geschichten aus den Nachrichten mit
anderen aus? Wie *fühlst* Du Dich, nachdem Du die Nachrichten
geschaut hast? Wie fühlst Du Dich nachdem Du darüber
gesprochen hast? Gefühle von Verzweiflung, Hoffnungslosigkeit, Trauer, Angst und Wut arbeiten weder für die
Situation, noch sind sie vorteilhaft für Dich. Deine Schwingung
wird erheblich, meist unvorteilhaft beeinflusst, aber auch
umgekehrt füttert Deine Energie die Menschen und deren
Situation. Ein Energieaustausch findest statt.

*Tausche Mitleid für Mitgefühl, denn Mitgefühl vom Herzen
kommt und schwingt höher. Mitleid bedeutet, Du leidest mit.
Mitgefühl bedeutet, Du fühlst mit, aber leidest nicht.*

Nachdem ich verstanden habe, dass wir uns gegenseitig mit Energie „füttern", schaue ich selten Nachrichten. Jeder muss für sich selbst entscheiden was und wieviel man schauen möchte, doch man sollte sich bewusst machen, welche Auswirkungen dieser Konsum haben kann.

Weil ich so viel Mitgefühl für die Schicksalsschläge der Menschen und die Ereignisse habe, versuche ich die nicht mit weiterer niedrig-schwingender Energie zu füttern. Ich gebe mir Mühe nur über die wohlwollenden Menschen, die Unterstützung der Hilfsorganisationen und positive Ereignisse zu sprechen. Damit schicke ich mit meinen Gedanken und Worten, höherschwingende Energie dorthin. Besonders kraftvoll und wirkungsvoll ist es die Augen zu schließen und sich vorzustellen, wie den Menschen geholfen wird. *Auch ein kleines Gebet bewirkt Wunder!* So schickst Du höher schwingende Energie hin.

Ich bin ein Fan von Segnen. Ein einfacher Satz: *„Ich segne die Menschen und die Situation."* reicht, um eine kraftvolle höherschwingende Energie dorthin zu schicken. Mehr zur Wirkung des Segnens in *Kapitel 30 - Werkzeuge.*

FRAGE: Wie *fühlst* Du Dich, während Du Fernsehprogramme, über Tiere, Reisen, die Natur, Landschaften oder mit klassischer Musik anschaust? Wie *fühlst* Du Dich danach?

Während ich sämtliche „Kellerbesuche" in meinem Leben machte, merkte ich, dass solche, meist hochschwingenden Fernsehprogramme, mein Fünf Körper System enorm beruhigten und mir dabei halfen, mich zu entspannen. Die

Schwingung solcher Fernsehprogramme hat meine eigene Schwingung positiv beeinflusst und es war einfacher meine Gedanken und Schwingung wieder hoch zu bringen. Hiermit habe ich reichlich Erfahrung gesammelt!

Jetzt, schaue Dir Dein Leben, Deine Realität, an. Was fütterst Du mit Deiner Energie? Alles womit Du Dich beschäftigst, wo Du hinschaust und *„hinfühlst"*, beeinflusst Deine Schwingung und wird ein Teil von Dir. Du nimmst die Schwingung der Information unbewusst in Deine Programmierung auf und beeinflusst Dein Fünf Körper System. Deine Schwingung in und um Deinen Körper herum ist zwar nicht sichtbar, aber für alle spürbar.

Wie Du Dir vorstellen kannst, ziehst Du Deine Schwingung herunter, wenn Du Deine Energie auf negative Themen wie Tratsch, Drama, Hass, Missachtung, Kämpfen, Unehrlichkeit, Fluchen, Schadenfreude, Neid, Eifersucht, emotionales und körperliches Quälen, Mobbing, körperlichen Missbrauch, Bestechung, Mord und Totschlag, Manipulation, Schummeln, Stehlen, Scharm, Schuldzuweisung, oder ähnliches, lenkst.

Jedes Wort, jedes Bild, jede Werbung, auch wenn nur für einen Moment auf einem Bildschirm angeschaut, hat eine eigene Schwingung, die Deine Schwingung beeinflusst. Wie fühlst Du Dich nachdem Du den vorherigen Absatz gelesen hast? Lese es nochmal. Merkst Du, dass die Wortauswahl eine niedrige Schwingung hat? *Alles was Du liest, beeinflusst Deine Schwingung.*

*****

ÜBUNG: Was fütterst Du?

Schreibe eine Liste an Dingen, die Du täglich mit der Energie Deiner Aufmerksamkeit *fütterst*. Dies könnten zum Beispiel Zeit mit Deinem Haustier, Deiner Familie oder Deinen Freunden sein. Es könnte Sport, die Nachrichten, Social Media, YouTube, Fernsehserien oder Filme sein. Aber auch Drama, Streit, Tratschen, Zeit in der Natur, Lesen, Basteln, Singen, Malen, Kochen, sind Themen und Aktivitäten, denen Menschen täglich Aufmerksamkeit schenken.

Gehe Deine Liste durch. Womit beschäftigst Du Dich und wie ist die Schwingung? Gibt es etwas das Du nicht mehr mit Deiner Energie füttern möchtest? Streiche es durch und schreibe die Liste neu. Gibt es etwas Neues, dass Du füttern möchtest? Schreibe es dazu. Umkreise alles, möglichst bunt, was Du mit der Energie Deiner Aufmerksamkeit füttern möchtest. Diese Liste kannst Du jeder Zeit verändern und ergänzen. Du führst Regie! Lege sie irgendwo hin oder hänge sie auf, damit Du sie täglich sehen kannst.

*****

GEDANKEN AN DIE ZUKUNFT:
Energy flows where attention goes! Welche Gedanken hast Du über die Zukunft? Welcher Gefühle erzeugen sie? Wähle weise, denn Du *fütterst* Deine Zukunft *im Voraus* mit der Energie Deiner Aufmerksamkeit!

Machst Du Dir Sorgen über etwas? So schickst Du „Sorgen Energie" dorthin. „Sorgen Energie" arbeitet unvorteilhaft für Dich. Jedes Wort, jeder Gedanke, jedes Gefühl hat seine eigene Energie. Wenn Du Angst, Wut, Zorn, Groll, Frust Energien öfters in die Zukunft schickst, so sammeln sie an Momentum, Kraft. Wenn Du niedrigschwingende Gedanken an die Zukunft verlierst, sei nicht überrascht, wenn die Erlebnisse genau dem entsprechen, was Du mit Deinen Gedanken zuvor vorausgeschickt hast.

Halte Dein Ego und Deine Programmierung davon ab sich das Schlimmste auszumalen. Du entscheidest welche Schwingung der Energie Du in die Zukunft schicken möchtest. Je höher, desto vorteilhafter! Schließe die Augen und stelle Dir vor, wie etwas ausgeht. Denke und spreche nur Worte aus, die gute, aufbauende Gefühle erzeugen. Du erschaffst Deiner Realität! Du hast die Macht! Du führst Regie, *nicht* Dein Ego oder Deine Programmierung.

Sei aufmerksam! Bleibe aktiv! Es ist Deine Verantwortung Deine Worte und Gedanken weise zu wählen.

Einstein sagte: *„Alles ist Energie! Gleiche Dich der Frequenz (Schwingung) der Realität an, die Du möchtest und Du kreierst diese Realität. Das ist keine Philosophie. Das ist Physik."*

Das heißt, um ein glückliches Leben anzuziehen, musst Du Dich *JETZT*, trotz allen Umständen, in die Schwingung des Glücklichseins, versetzen. Dankbarkeit für das was Du gerade hast, kann enorm dabei helfen. Um Reichtum in Dein Leben zu ziehen, musst Du jetzt die Schwingung von Reichtum in Dir selbst erzeugen und fühlen. Erinnere Dich daran, dass Deine Schwingung, die gleiche Schwingung anzieht.

*****

ÜBUNG: Sorgen mit Visualisieren umwandeln...
Stelle Dir vor...

Gibt es eine Situation, die Dir Sorgen bereitet? Schreibe Deine Sorgen darüber nicht auf, schenke ihnen keine Energie.

Schließe die Augen und betrachte die Situation. Stelle Dir bildlich vor, visualisiere, wie Du möchtest, dass die Situation ausgeht. Entscheide welche Energie Du der Situation schenken möchtest. *FÜHLE DIE ENERGIE! (Fühle als ob.)* Ist es Zuversicht, Freude, Vertrauen, Mut, Entspannung, Freude und Liebe? Je häufiger Du Dir die Zeit nimmst höherschwingende Energien (Bilder und Gefühle) an die bevorstehende Situation zu schicken, desto vorteilhafter ist es für Dich.

Wenn Du zusätzlich Deine Vorstellungen aufschreibst, das Geschriebene laut vorliest und jedes Mal die Gefühle intensiv fühlst, wird Deine Energie zusätzlich an Kraft gewinnen. Du schaffst dadurch ein starkes Momentum.

*****

Abraham Hicks spricht über das Gesetz der Anziehung und sagt, dass es sehr zu unserem Vorteil ist, wenn wir uns wesentlich mehr Zeit nehmen würden, unsere Vorstellungskraft zu benutzen, zu visualisieren, statt zu denken, dass wir nur erschaffen können, wenn wir irgendetwas tun! Du brauchst Dich für nur 17 Sekunden auf etwas zu fokussieren, dann fängt das Momentum an sich zu sammeln... zu stärken.

Entscheidend ist dabei, dass Du Dich so fühlst, als wurdest Du Deine Zukunft schon jetzt, heute erleben!

WAS BEEINFLUSST DEINE SCHWINGUNG NOCH?

Den Einfluss der Schwingung Deiner Worte, Gedanken, Glaubenssätze und Gefühle auf Dein Leben ist Dir jetzt bewusst. Was beeinflusst Deine Schwingung noch?

Die folgenden Informationen haben mir die Augen geöffnet und mir geholfen Veränderungen zu machen. Vielleicht helfen sie Dir auch. Bleibe ganz entspannt dabei, zuerst geht es nur darum Dir dieser Informationen bewusst zu werden. Entscheide dann selbst, welchen, wie viel, wie schnell und ob Du Veränderungen machen möchtest.

Falls Du Dich dazu entscheidest Dir die ganz einfache Übung der *Energetischen Reinigungen* zu Nutzen zu machen, gibt es in *Kapitel 30 - Werkzeuge* die Anleitung dazu. Fange langsam damit an. Das Ziel bleibt, Deine Schwingung so hoch wie möglich zu halten. Einiges energetisch zu reinigen hilft Dir dabei.

DIE ERNÄHRUNG:
Wenn Du wirklich Deine Schwingung erhöhen möchtest, schaue Dir Deine Ernährung und Dein Essverhalten an. Das was Du an Essen und Trinken zu Dir nimmst, beeinflusst Deine Gesundheit und Dein allgemeines Wohlbefinden. Je höher die Schwingung Deiner Ernährung, desto höher schwingt Dein Körper. Dein körperliches Wohlbefinden, beeinflusst Deine Gedanken und umgekehrt.
Mir wurde erst sehr spät bewusst, dass kurz bevor ein Tier geschlachtet wird, hat es Angst. Diese Schwingung der Angst verzerren wir gleich in dem Fleisch mit. Jeder soll selbst entscheiden, welche Ernährung er zu sich nimmt.

*****

ÜBUNG: Sich Deiner Ernährung bewusst werden

Wenn Du Dein allgemeines körperliches Wohlbefinden, Deine Energie und Deine Schwingung durch Veränderungen in Deiner Ernährung, steigern und erhöhen möchtest, ist es wichtig Dir Deiner Ernährung zunächst bewusst zu werden. Es geht ganz einfach! Schreibe eine Woche lang *alles* auf was Du isst und trinkst. Achte darauf, wie Dein Körper sich fühlt, nachdem Du etwas zu Dir genommen hast.

*****

Je entfernter ein Produkt von seiner ursprünglichen Form ist, desto unvorteilhafter ist die Schwingung für Deinen Körper. (Kartoffeln sind zum Beispiel gesünder als Kartoffeln, die zu Pommes verarbeitet wurden.)

KLEIDUNG:
Kleidung aus reiner Baumwolle, Seide, Wolle und anderen reinen Naturfasern lassen unsere Energie höher, kraftvoller und breiter um uns schwingen. Sie sind wahrhaftig „nachhaltig". Sei wachsam, es wird zunehmend Kleidung mit Kunstfasern angeboten, die für uns und unsere Körperschwingung ungesund und „eindämmend" wirken.

KOSMETIK, SEIFEN, UND REINIGUNGSMITTEL:
Alle Produkte mit *künstlichen* Inhaltsstoffen, sei es für Kosmetik für Haut und Haar, oder Reinigungsmittel für Wäsche und Wohnung, haben eine niedrigere Schwingung als ihre

natürlichen Alternativen. Künstliche Inhaltsstoffe verwirren unsere Sinne und somit unser Fünf Körper System, weil sie nicht aus der Natur kommen. Produkte, die aus *natürlichen* Inhaltsstoffen hergestellt werden, bieten eine wesentlich höhere Schwingung, sehr zum Vorteil unserer Gesundheit.

Sowohl die Schwingung der Inhaltsstoffe, als auch die Schwingung der Herstellungsweise hat einen Einfluss auf das Produkt und somit auf unsere Schwingung. Wie werden die Produkte hergestellt? Produkte die ohne Tierversuche auskommen, nachhaltig sind und Fair Trade priorisieren, schwingen wesentlich höher. Eine gute, ehrliche Absicht dahinter schwingt sehr hoch.

Es wird uns zunehmend bewusst, nicht mehr blind zu vertrauen, sondern auf der Produktverpackung zu schauen.

FARBEN:
Wusstest Du, dass jede Farbe seine eigene Schwingung hat? Auch Farbe ist Energie! Je nachdem was Du an einem Tag vor hast, kannst Du ein Kleidungsstück aussuchen, dass Dich mit der Energie der Farbschwingung unterstützt. Mit ein bisschen googlen findest Du die nötigen Informationen. Das macht richtig Spaß! Denke zum Beispiel an die farbenfrohen, traditionellen Gewänder in Indien.

ZAHLEN:
Jede Zahl hat seine eigene Schwingung. Numerologie ist ein faszinierendes Themenfeld. Um Näheres darüber zu erfahren, forsche im Internet nach. Es gibt auch zählige Bücher darüber!

UMGEBUNG:

In der Natur zu sein, lässt Dich schnell höher schwingen! Wenn Du Dein Fünf Körper System gereinigt haben oder auftanken möchtest, begebe Dich in die Natur! Ob im Garten, im Stadtpark, im Wald, am Wasser, oder in den Bergen, die Natur bietet fantastische Orte um sich zu erholen.

Fühle die Schwingungsenergie der Natur. Werde Dir dessen zunehmend bewusst. Sie ist ein Geschenk an uns!

*****

ÜBUNG: Fühle die Erde

Bleibe dort wo Du gerade bist stehen und fühle die Erde unter Deinen Füßen. Die Schwingungsenergie der Erde wirst Du in Deinen Füßen und Deinem Körper spüren können. Vergleiche die Schwingungen auf dem Land mit der in der Stadt und bei Dir zuhause.

*****

ÜBUNG: Geschenk der Bäume an uns

Wir haben in letzter Zeit glücklicherweise, mehr über die Kraft der Bäume gehört. Nimm respektvoll Kontakt mit einem Baum auf und bitte ihn, Dich zu reinigen und Dir Kraft zu spenden. Es ist eine *wundervolle* Gelegenheit das Fühlen zu üben. Ich fühle wie die Energie zu mir fließt und sich meine Kraftreserven auffüllen. Wenn ich mich schlapp fühle, bitte ich meine Platane (Baum) vor meinem Balkon mir Kraft zufließen zu lassen.

Nimm Kontakt zu einem Baum auf, indem du sagst oder denkst: *„Lieber Baum, ich bitte Dich mich zu reinigen und meine Kraftreserven aufzufüllen. DANKE!"*

Es dauert nicht lange bis ich wieder „aufgetankt" bin! Auch wenn diese Übung verrückt erscheint, ermuntere ich Dich sie einfach mal auszuprobieren und zu *fühlen* was passiert. Deine Erfahrung überzeugt Dich bestimmt! Wenn wir darum bitten, gibt es so viel um uns herum was uns unterstützen möchte. Wir müssen nur darum bitten!

*****

In der Stadt bist Du von Geräuschen, Menschen, Häusern, Läden, Straßen und einer Menge Verkehr umringt. All diese Dinge haben Energien mit unterschiedlichen Schwingungen. Es findet ein ständiger Austausch und ein starker Einfluss von Energien, zwischen Deinem Fünf Körper System und Allem um Dich herum, statt. Dies kann sehr ermüdend sein.

*****

ÜBUNG: Fühle Deine Umgebung

Fühle die Schwingungen der Energie an den Orten an denen Du Dich aufhältst. Die Schwingungen der Energie an unterschiedlichen Orten unterscheiden sich alle, ob in der Schule, bei der Arbeit, im Restaurant, im Klub, beim Friseur, beim Einkaufen, in der Kirche, bei Freunden oder bei Dir zuhause. Wo fühlst Du Dich wohl? Höherschwingende Orte und Menschen unterstützen Deine Schwingung. Niedriger-schwingenden Orte und Menschen ziehen Deine Schwingung hinunter. *Fange an zu üben die unterschiedlichen Schwingungen der Energie bewusst wahrzunehmen.*

*****

Wie Du Deine Energie reinigen und schützen kannst, ist in *Kapitel 30 - Werkzeuge* zu lesen.

ALLE BILDSCHIRME
(z.B. PCs, Fernseher, Smartphones, Laptops oder Tablets):
Alles was Du guckst, hörst und liest hat eine bestimmte Schwingung und beeinflusst somit auch Deine Schwingung. Lass Dich nicht einfach aus Bequemlichkeit unbedacht vom Nächstbesten berieseln und somit Einfluss auf Deine Programmierung nehmen. *Bleib wachsam!*

Es wird berichtet, dass die Strahlen von Bildschirmen, die in unseren Körper eindringen, unsere körperliche Schwingung und somit unsere Gesundheit negativ beeinträchtigen könnten. Werde Dir bewusst, wie viel Zeit Du vor beliebigen Bildschirmen verbringst. Auch kleine Veränderungen können vorteilhaft für Deine körperliche Schwingung sein. Berichtet wird auch, dass ein Smartphone im Schafzimmer einen negativen Einfluss auf Die nächtliche Erholung Deines Körpers haben kann, insbesondere, wenn es auf Kopfhöhe liegt. Seitdem ich einen normalen Wecker, ohne Funkstrahlen benutze, fühle ich mich morgens nach dem Aufwachen wesentlich wohler. Im Internet gibt es unterschiedliche Informationen darüber.

MUSIK:

Klassische Musik, Entspannungsmusik und ähnliche Musik schwingen höher. Einiges an Musik kann tatsächlich nervös und aggressiv machen. Sie bringen die Schwingungen Deines Körpers und Deinen gesunden Herzrhythmus durcheinander. Beim Konzertbesuch, wird Deine Schwingung von den Schwingungen der Künstlerinnen und Künstler, der Menschenmenge und der Musik stark beeinflusst. Wichtig ist es bei jeder Musik, dass Dir bewusst wird wie Du Dich *körperlich fühlst,* während Du zuhörst und danach. Jeder entscheidet für sich.

*****

ÜBUNG: Wie beeinflusst die Musik Deine Schwingung?

Wenn Du Lust hast, höre unterschiedliche Musik und fühle den Einfluss auf Deiner Schwingung. Der Rhythmus beeinflusst Dein Herz enorm. Viele Lieder aktivieren, durch die Schwingung der Wortwahl, das Leiden und die Traurigkeit in uns, andere Worte wiederum bauen uns auf und machen uns stark. *Werde Dir bewusst, wie Du Dich körperlich fühlst.*

*****

BÜCHER:

Auch Bücher schwingen. Das Thema, die gewählten Worte, die Gedanken und Gefühle aber auch die Schwingung des Autors beim Schreiben tragen zu der Schwingung des Buches bei. Die Schwingung des Druckprozesses, die Art wie das Buch zu Dir kommt, tragen auch zu der Schwingung des Buches bei.

Ich persönlich führe eine *energetische Reinigung* durch bevor ich anfange ein Buch zu lesen. *(Kapitel 30 - Werkzeuge)*

*****

ÜBUNG: Ein Buch fühlen

Halte ein Buch zwischen Deinen Händen und übe das Fühlen der Schwingung. So habe ich oft Bücher im Buchladen für mich gewählt. Ich fühlte welches Buch sich gut anfühlte und in Resonanz mit meiner Schwingung war. Es wird sich energetisch bemerkbar machen. Experimentiere mit Büchern bei Dir zuhause oder im Buchladen. *Fühle und vergleiche.*

*****

AUDIOBÜCHER:
Bei Audiobüchern, achte darauf wie Du Dich körperlich fühlst, während Du zuhörst und danach. Nicht nur die Schwingung der Gedanken, der gewählten Worte und der Gefühle des Autors, des Buchthemas, aber auch die Schwingung der Vorleserin, beeinflusst Deine Schwingung.

FOTOS:
Fotos von einer Person oder Gruppen, strahlen eine Schwingung aus. Fotos von jemanden mit dem Du nichts Positives verbindest, auch wenn sie irgendwo in einem Karton liegen, schwingen und beeinflussen Deine persönliche Schwingung. Überlege welche Du wirklich behalten möchtest.

BILDER:
Bilder an der Wand schwingen unterschiedlich. Ist die Schwingung positiv für Dich? Fotos und Bilder aus der Natur, von Wasser, von Tieren, Wäldern, Landschaften oder Bergen schwingen sehr hoch.

OBJEKTE:
Objekte aus der Natur wie Steine, Tannenzapfen, Blätter, Blumen und Muscheln bringen einer hohen Schwingung in Dein Zuhause.

KUNST:
Vergleiche die Schwingungen der Werke unterschiedlichen Künstler. Sitze oder stehe davor und werde Dir bewusst, wie Du Dich körperlich fühlst.

WERBUNG:
Werbung auf beliebigen Bildschirmen, auch wenn nur ganz kurz, beeinflussen Deine Schwingung. Wie fühlst Du Dich nach der Werbung für Kopf- und Gliederschmerzen? Wie fühlst Du Dich, wenn Dir gesagt oder gezeigt wird: *„Nimm dieses Produkt, damit Du nicht dement wirst."*? (Aufpassen, nimm den Glaubenssatz nicht an, dass man etwas nehmen muss um nicht Dement zu werden. Lass Dich auch nicht in der Angst verführen, dass Du möglicherweise Dement werden könntest. Verschwende keine Energie an so was!) Die Werbung wird sehr bunt und laut, damit Du die Programmierung besser speicherst. Ich empfehle Dir in der Werbepause zumindest den Ton auszuschalten oder den Fernseher für die fünf Minuten sogar ganz auszumachen.

Sei achtsam, Werbung gibt es auch im Radio, in der Bahn, an den Litfaßsäulen, an den Wänden, in Zeitschriften und in Magazinen. Du musst nicht überall hinschauen und alles lesen!

GESCHENKE, ERBSTÜCKE UND BESITZTUM VON ANDEREN:
Wenn Du Bücher, Schmuck, Möbel, Kleidung, u. a. von jemanden übernimmst, erbst, kaufst oder als Geschenk bekommst, bekommst Du gleichzeitig die Energie der Schwingung der Besitzer „mitgeschenkt". Sagen wir, Du kaufst einen Kleiderschrank für Deinen Schlafzimmer bei eBay. Sei Dir bewusst, dass die Schwingung des Besitzers in diesem Schrank sitzt und Deine Schwingung beeinflusst. Wenn Du Vintage, getragene Kleidung kaufst, trägst Du die Schwingung des Vorbesitzers mit Dir herum. Die Kleidung zu waschen ist selbstverständlich, aber leider kann man die Energie nicht herauswaschen.

WICHTIG!!! Du musst nicht lange überlegen oder Bedenken haben welchen Schwingungen noch irgendwo hineinstecken. Es soll Dich auf keinen Fall davon abhalten Gebrauchtes zu kaufen, es ist sogar sehr vernünftig. Ich rate Dir eine *einmalige Energiereinigung* durchzuführen, wenn neue Gegenstände in Dein Leben treten. Energie verschwindet nie, kann aber gereinigt und verändert werden. Wie Du Kleidung und andere Gegenstände *einfach* energetisch reinigst, liest Du in *Kapitel 30 - Werkzeuge.* Du kannst gleich dorthin blättern und damit anfangen, wenn Du möchtest.

GELD:

Das Geld in Deinem Portemonnaie ist durch die Hände zahlreicher Besitzer gegangen. Das Geld trägt die „angesammelten" Energien der Schwingungen von Allen, die es angefasst haben und beeinflusst Deine Schwingung. Wenn Du daran denkst, ist es auch zu Deinem Vorteil, ganz entspannt, Dein Portemonnaie *energetisch zu reinigen.* Es wird aber nichts Schlimmes passieren, wenn Du es nicht tust.

PRIVATE UND ÖFFENTLICHE ORTE:

Überall wo Menschen waren, haben sie ihre Schwingungsenergie hinterlassen. Wenn Du umziehst, ziehst Du in die Schwingungsenergie der ehemaligen Bewohner ein.

BESUCH:

Wenn Du Besuch hast, bringen die Besucher natürlich ihre Schwingung mit. Während Ihr zusammen seid, beeinflussen sich Eure Schwingungen gegenseitig. Die Schwingungen der Besucher bleiben in Deinem Zuhause, auch wenn Deine Gäste schon längst gegangen sind. Heiterer, höherschwingender Besuch hinterlässt eine höhere Schwingung. Du wirst es fühlen. Besuch mit viel Alkoholkonsum, Rauchen, viel Unruhe, niedrigschwingender Musik, eventuell Streit, hinterlässt eine niedrige Schwingung. Du kannst feiern wie Du möchtest, Du sollst es genießen, aber eine die *energetische Reinigung aus Kapitel 30 - Werkzeuge* hilft Dir hinterher Dein Zuhause energetisch zu reinigen.

UNORDNUNG UND DRECK:

Du kannst sehr viel tun um Deine Schwingung zu erhöhen, wenn Du Dein Zuhause aufräumst, sauber hältst und Dinge entfernst die Du nicht magst. Dadurch erschaffst Du eine angenehme, hochschwingende Energie um Dich herum. Du wirst es fühlen! Wenn Du Dir überlegst, wie viel Zeit Du dort verbringst, besonders im Schlafzimmer, dann lohnt es sich wirklich. Hinterher, *energetisch reinigen!*

UNFERTIGE, NERVIGE „PROJEKTE" (Papierkram, Saubermachen, Reparaturen):
Wie fühlst Du Dich, wenn Du laufende Projekte siehst oder Dich daran erinnerst? Ich persönlich bin genervt und mahne mich oft sie endlich zu Ende zu bringen. Das alles schlaucht meine Energie, nagt an mir und zieht meine Schwingung hinunter. Auch meinen Gedanken über mir selbst sind nicht zu meinem Vorteil. Wenn ich die Projekte zu Ende gebracht habe, fühle ich eine befreiende Energie. Wie geht es Dir dabei?

ELEKTRO MAGNETISCHER FELDER (EMFs):
EMFs sind die Energiefelder, die durch die Strahlen *aller* Elektrogeräte erzeugt werden. Einige davon sind: Fernseher, PCs, Laptops, Handys, Telefone, Spülmaschinen, Waschmaschinen, Trockner, Mikrowellen, Herde und Internetverbindungen. Draußen sind es, unter anderem, die großen Mobilfunkantennen, die über die ganze Gegend strahlen. Wenn Du in einem Mehrfamilienhaus wohnst, wird Dein Zuhause und Deine Schwingung von den EMFs der Elektrogeräte Deiner Nachbarn beeinflusst und umgekehrt. Sogar die großen Windräder erzeugen EMFs. *Alle EMFs sind unvorteilhaft für unsere körperliche Schwingung.* Du kannst aber Dein Zuhause *energetisch reinigen.*
Siehe Kapitel 30 - Werkzeuge.

MEDIZIN - basierend auf eigenen Erfahrungen:
(Disclaimer: Dies ist kein ärztlicher Rat. Bevor Du änderst welche Medikamente Du zu Dir nimmst, suche bitte einen ausgebildeten Arzt auf.)

Die meisten Medikamente, die wir von der Pharmaindustrie und Ärzten verschrieben bekommen, haben eine niedrige Schwingung. Der Einfluss auf die Schwingung des menschlichen Körpers wird außer Acht gelassen. Manchmal müssen wir sie jedoch für eine gewisse Zeit einnehmen.

Sehr dankbar bin ich für die Heilkräfte der homöopathischen Kügelchen und Tropfen, die Schüssler Salze, Bachblüten und Heilpflanzen, die mich unterstützt haben. Sie sind Geschenke für uns aus der Natur. Wenn wir uns über den Einfluss der unterschiedlichen Schwingungen im Leben bewusstwerden, verstehen wir, dass es die *natürliche Schwingung der Heilpflanzen,* die mit der Schwingung unseres Körpers zusammen-arbeitet, uns bei der Heilung unterstützt. Die Heilung geschieht dann auf tieferen Ebenen, die die Krankheit verursacht haben.

Für alles ist ein Kraut gewachsen!

ALLES ist heilbar!!!

Die Akupunktur setzt Energiebahnen im Körper frei, dadurch wird unsere Schwingung erhöht. Eine höhere Schwingung unterstützt den Körper bei der Heilung.

Heilenergie wie Reiki, ist auch ein Geschenk an uns. In Reiki-Kursen lernst Du die Reiki-Energie zu empfangen, damit Du Dir und anderen die heilende Energie zufließen lassen kannst. Es ist so einfach und wirkungsvoll. Du hast immer die heilende Reiki-Energie bei Dir!

Ich möchte nochmal betonen, dass dieses Wissen aus meinen eigenen, persönlichen Erfahrungen stammt. Jeder muss für sich selber entscheiden, auf welche Heilmethoden er oder sie im Falle einer Krankheit zurückgreifen möchte. Sehr gute Erfahrungen habe ich mit Heilpraktiker gemacht.

Das Büchlein: *HEILE DEINEN KÖRPER – Seelisch-geistige Gründe für körperliche Krankheit von Louise L. Hay* kann ich wärmstens empfehlen.

STEINE UND KRISTALLE:
Kristalle bringen eine sehr hohe Schwingung in Deinen Körper und Dein Zuhause hinein. *Sie leben.* Ihre Schwingung ist *natürlich,* kraftvoll und heilend. Steine und Kristalle unterstützen die Heilung, jeder auf seiner Art und Weise. Fühle die unterschiedlichen Schwingungen, während Du sie hältst und trägst. Sie arbeiten gern mit uns zusammen. Es gibt viele wundervolle Bücher darüber. Ich kann Dir nur empfehlen in die Welt der Kristalle einzutauchen – sie ist *magisch!* Auch sie sind *energetisch zu reinigen.*

*****

Ich könnte eine Ewigkeit über den Einfluss von Energien und Schwingungen auf uns schreiben! Schaue Dich einfach in Deinem Zuhause um. Experimentiere damit Gegenstände zu entfernen, zu ersetzen und zu erneuern und beobachte welchen Einfluss diese Änderungen auf Deine Energie haben.

Räume auf und reinige Die Orte an denen Du Deine Zeit verbringst. Dadurch bringst Du die Energie ins Fließen. Lasse regelmäßig frische Luft hinein. Stagnierte Energie ist unvorteilhaft für Deine Schwingung.

Lasse Altes, besonders das was Du mit etwas oder jemand „Negativen" verbindest, los. Auch wenn Du es einfach nicht mehr um Dich haben möchtest, entferne, verschenke oder verkaufe es. Du wirst Dich wesentlich leichter *fühlen!* Erschaffe Platz für Neues! Neues kommt einfacher zu Dir, wenn Du Platz erschaffst!

Weniger ist oft mehr!

Bleibe gelassen und nimm die Energie der Schwingungen in Deinem Leben wahr. Unerwünschte Energien und Schwingungen können ganz einfach energetisch gereinigt werden! In *Kapitel 30 - Werkzeuge* zeige ich Dir wie.

Ich hoffe, Du hast jetzt Lust zu malen!

HOCH UND HINAUS – EIN BILD ALS WERKZEUG

Zu erkennen, wer oder was Deine Schwingung unterstützt und wer oder was nicht, hilft Dir dabei Dein Leben positiv zu verändern. Bilder sind hervorragend dafür Dir diese Erkenntnis zu verdeutlichen. Zuerst habe ich überlegt, ein beispielhaftes Bild zu malen. Mein Ego kam schnell zum Rat und sagte mir: *„Aber Du kannst nicht so gut malen, das weißt Du doch!"* Ich widersprach: *„Doch kann ich!",* denn ich kann denken was ich will! Letztendlich habe ich mich jedoch entschieden, dass Dein eigenes, selbstgemaltes Bild besser zu Dir passen wird.

Lass Dir Zeit dabei, es muss nicht heute fertig werden!

*****

ÜBUNG: Das Bild Deiner hohen Schwingung
Fangen wir mit dem Spaß an! Nimm ein großes Blatt Papier. Wir malen einen Heißluftballon. Lass Deinem Ego nicht zu, einen Kommentar über Deine Malfähigkeiten abzugeben. *„Ego, keinen Kommentar!"* Wann war das letzte Mal, dass Du gemalt hast? Ich hoffe, dass Freude aufkommt!

1. Male einen Korb, einen Ballon und ein paar Striche, die beide miteinander verbinden = ein Heißluftballon.
2. Male einen Strichfigur im Korb. Ein Lächeln im Gesicht, bitte nicht vergessen… das bist Du! ☺
3. Male, um den Korb herum, circa sechs Sandsäcke, die vom Korb hinunter hängen. Die Sandsäcke sollten groß genug sein, dass Du ein bis zwei Wörter hineinschreiben kannst.

4. Male unten auf die Erde, einen Haufen an circa zehn Sandsäcken, die Du bereits abgeworfen hast. Auch diese wirst Du beschriften.
5. Male circa acht fluffige, leichte, weiße Wolken um den Heißluftballon herum, auch groß genug, damit Du zwei bis drei Wörter hineinschreiben kannst.
6. Überlege ob Du Dein „hochschwingendes Bild" weiter ausschmücken möchtest, zum Beispiel durch eine Sonne oder Vögel. Dein Bild soll Dich richtig zum Lächeln bringen und Dir ein gutes Gefühl geben, wenn Du es anschaust.

Im Korb, stehst Du als Strichfigur *mit Deinem Lächeln im Gesicht*, da! Du möchtest fliegen, leicht sein, frei von niedrigschwingenden, schweren Menschen, Situationen, Orten oder Verhaltensmustern. Du möchtest *bewusst* Deine Schwingung erhöhen, damit Du Höherschwingendes in Deinem Leben anziehst. Du bist nach und nach bereit alles abzuwerfen was Dich und Deine Schwingung herunterzieht!

Es ist von Vorteil, alle Wörter mit einem Bleistift zu schreiben, weil Du sie wahrscheinlich über die Zeit verändern wirst. Nun geht es ans Beschriften:

1. In die weißen Wolken, schreibe den Namen von Menschen, Freizeitaktivitäten und Orten die Dich *beflügeln* und die Du aktuell noch unbedingt in Deinem Leben behalten möchtest

2. In den hängenden Sandsäcken, um dem Korb herum, schreibe den Namen von Menschen, Aktivitäten, Orten, oder Verhaltensmuster, die Dich und Deine Schwingung, herunterziehen. Diese Dinge „hängen" noch an Dir und beschweren Dich. Du nimmst Dir *absichtlich* vor sie, mit der Zeit, loszulassen und hinunterfallen zu lassen.
3. In den Haufen Sandsäcke auf der Erde, schreibe den Namen von Menschen, Situationen, Aktivitäten, Orten und Verhaltensmuster, die Du bereits abgeworfen hast. Lasse auch einige Säcke frei für das was Du noch abwerfen wirst.
4. Lobe Dich dafür, dass Du es nicht mehr *erlaubst,* dass Deine Schwingung von diesen Dingen heruntergezogen wird. Dieser Haufen wird mit der Zeit größer.
5. Hänge Dein Bild auf oder platziere es so, dass Du gelegentlich einen Blick drauf werfen kannst. Etwa einmal im Monat, schaue Dein Bild genauer an und aktualisiere es, wenn nötig.
6. Du kannst Dein Bild immer wieder verändern. Nutze es als Werkzeug, dass Dich *aktiv* unterstützt.

*****

Wo wir gerade beim Malen sind…

DEIN GARTEN VOLLER SONNENBLUMEN

Wo Du Dich gerade mit Malen angefreundet hast, gibt es noch ein Bild zu malen! Dieses Bild wird Dir dabei helfen Deine Prioritäten anzuschauen und positive Energie hinein-zuschicken. *Energy flows where attention goes.*

Mit der Zeit, wirst Du wahrscheinlich ein paar Veränderungen machen möchten, daher empfehle ich Dir auch hier die Wörter mit Bleistift zu schreiben. Sonniges gelingen!

1. Stelle Dir Deinen Garten voller Sonnenblumen vor, lauter Sonnenblumenköpfe, die Dich anschauen. Male circa 20 Sonnenblumenköpfe, groß genug, um in jeden Sonnenblumenkopf einige Wörter zu schreiben. Natürlich kannst Du Stängel und Blätter dazu malen, aber die große Sonnenblumenköpfe sind am wichtigsten.
2. Wenn Du die Blätter um den Sonnenblumen-kopf gelb anmalst, dann lädst Du die gelbe Farbschwingung *FREUDE* auf Dein Bild ein.
   Jedes Mal, wenn Du es anschaust, nimmst Du die Schwing-ung der Freude auf. So einfach geht es!
3. In die Sonnenblumenköpfe, schreibe nun die Dinge auf, die Dir in Deinem Leben guttun, Freude bringen, und die Du im Moment in Deinem Leben behalten möchtest.

In meinen Sonnenblumenköpfen stehen beispielsweise: Schreiben, Zeit in der Natur, Freundschaften pflegen, Zeit mit der Familie, Kreativität, Lesen, Kochen, Backen, Meditieren, Energiearbeit, Feiern.

Ich habe auch einige Dinge aufgeschrieben, für Die ich in meinem Leben mehr Zeit machen möchte, wie Neues erleben, neue Rezepte ausprobieren und Gemüse auf meinem Balkon anbauen.

Nimm Dir Zeit darüber nachzudenken. Du musst nicht alle Sonnenblumenköpfe auf einmal ausfüllen.

Wenn Du Dein Bild von Deinem Garten voller Sonnenblumen aufhängst, hast Du es täglich vor Augen! Es hilft Dir die Energie Deiner Aufmerksamkeit, auf die für Dich wichtigen Dinge zu konzentrieren. Es hilft Dir, weniger abgelenkt zu sein. Du kannst das Bild immer verändern.

Viel Freude daran!

DIE STIMMEN DEINES EGOS

UM UNS HERUM, hören wir die Stimmen unseren Eltern, unserer Familienmitglieder und unsere Freunde. Wir hören die Stimmen der Autoritätspersonen, wie Lehrer, Arbeitsgeber und ähnlichen in unserem Leben. Wir hören die Stimmen der Fremden an den verschiedensten Orten und auf beliebigen Bildschirmen.

IN UNS, hören wir unser Ego mit vielen *unterschiedlichen* Stimmen. Sie kommen von der Programmierung unserer Gedanken, Glaubens-sätze und Gefühle. Viele dieser Stimmen, die mal von *außerhalb* kamen, zum Beispiel die Stimme Deiner Mutter, Deines Vaters, oder Deiner Lehrerinnen und Lehrer, sind in unsere Programmierung übergegangen und sehr aktiv. Es ist äußerst wichtig diese Stimmen in uns zu erkennen, zu akzeptieren, zu besänftigen und mit höherschwingenden Gedanken Deiner Wahl anzupassen.

Lasse die Stimmen Deines Egos, Dich nicht aus der Ruhe bringen!

Jede Stimme hat seine individuelle „Persönlichkeit". Vielleicht hast Du eine zuversichtliche Stimme in Dir, die Dir zuspricht, dass alles klappen wird. Eine weitere, trostspendende Stimme, die sagt das alles gut wird, weil Du Dein Bestes gegeben hast. Du trägst sicherlich auch eine begeisterte Stimme in Dir, die sagt: *„Besser geht's nicht! Danke!"* Aber, woher kommen diese Stimmen? Es sind unter anderem die Aussagen Deiner Eltern oder anderer Personen aus der Kindheit und Jugend, die Du gespeichert hast.

Vielleicht hast Du eine ängstliche, besorgte Stimme in Dir, die Dir die schlimmsten Bilder ausmalt, bevor etwas staatfindet, oder eine treibende Stimme, die Dir sagt das Du nicht genug tust. Hast Du eventuell eine arrogante, eine *„Ist mir alles egal."* oder eine *„Niemand beachtet mich."* Stimme in Dir? Möglicherweise hast Du einen inneren Schweinehund der sagt: *„Verschiebe es lieber auf morgen."* Vielleicht hast Du eine rechthaberische Stimme in Dir, die sagt: *„Die Anderen haben immer Schuld."* Auch diese Stimmen sind Aussagen, die Du im Laufe Deines Lebens gespeichert hast.

Deine „Stimmen" solltest Du weder kritisieren noch bewerten. Zugegeben, manchmal reagiere ich darauf mit: *„Du schon wieder!"* Immerhin, ich habe die Stimme wahrgenommen. Es hilft Dir die Aussage der Stimme genau zu zuhören und zu hinterfragen. Was bedeutet diese Botschaft? Welche Stimme meldet sich häufig? Welches Programm läuft gerade?

Sie sind ein Teil der Programmierung Deines Egos. Werde Dir Deiner unterschiedlichen Stimmen bewusst. Du wirst merken, dass *vieles,* was die Stimmen Deines Egos Dir sagen, *nicht* zu Deinem Vorteil arbeiten. Lösche die Gedanken, die nicht mehr zu Dir passen. Wähle Gedanken, die Dich auf eine höhere Schwingung bringen. Ich habe meine besorgte Stimme mit: *„Danke, wir sind in Sicherheit."* getröstet. Den Satz: *„Ich bin immer in Sicherheit."* habe ich damit ergänzt. Meine antreibende Stimme habe ich mit: *„Ich habe genug getan und jetzt will ich nichts tun. Ich tue immer genug. Ich bin immer genug."* besänftigt. Nach einiger Zeit, merkte ich, dass sich die Stimmen seltener meldeten oder ganz verschwunden waren.

Ich habe sie und deren Botschaften nicht mehr mit meiner Energie gefüttert. Ich habe andere Gedanken gewählt.

„Es ist nur ein Gedanke und ein Gedanke kann man (jederzeit) ändern!" - Louise Hay

*****

ÜBUNG: Erkenne die Stimmen des Egos in Dir

Nimm Dir Zeit, die unterschiedlichen Stimmen des Egos in Dir zu erkennen. Wenn sich eine oder mehrere wiederholt melden, schreibe sie eventuell mit Namen *kurz* auf. Vermeide jedoch, sie mit viel Energie Deiner Aufmerksamkeit zu füttern. Wenn Du die Stimmen erkannt hast, lege die Liste weg.

Welche Botschaft möchten Dir die Stimmen mitteilen? Glaubst Du ihnen? *Nochmal: Lasse die Stimmen Deines Egos, Dich nicht verunsichern und aus der Ruhe bringen!*

*****

Dein Ego mit seiner Programmierung möchte sich kontinuierlich verstärken! Dein Ego möchte, egal was kommt, die Kontrolle beibehalten! *ES WILL,* dass Du nur Gedanken in Deiner Programmierung hast. *ES WILL* keine Veränderungen im Programm.

Dein Ego ist nicht Dein *bewusstes,* wahres und authentisches Selbst. Dein Ego ist *unbewusst.* Die Meisten von uns haben es bis jetzt unbewusst unterstützt. Wir haben unsere Programmierungen automatisch weiterlaufen lassen.

Die folgenden Werkzeuge benutzt das Ego um sich zu stärken:

- Das Ego benutzt Scham und will Dich glauben lassen, dass Du nicht gut genug bist.
- Das Ego benutzt die Beurteilung eines anderen um sich zu stärken, es *liebt* Recht zu haben. Es glaubt, dass andere zu beurteilen, ihm *MACHT und GRÖßE* verschafft. Es erkennt nicht, dass wir, wenn wir andere beurteilen, auch einen Teil von uns selbst beurteilen. Es glaubt, dass Macht über und die Beurteilung anderer, Kraft und Kontrolle verleiht.
- Das Ego findet immer irgendetwas worüber es klagen kann, auch wenn es nur das Wetter ist. Es akzeptiert die Situation nicht wie sie ist und *sucht* Gedanken, die uns im Leiden gefangen halten.
- Das Ego klagt nicht nur, es vergleicht uns mit einander, was zu Neid, Missgunst und Eifersucht führen kann.
- Das Ego benutzt die Angst irgendetwas zu verlieren um uns zurück zu halten. Es bemüht sich *MIT ALLER KRAFT,* uns klein und in unserer Komfortzone zu halten, damit wir unser Potential außerhalb unserer Komfort-zone nicht anstreben und verwirklichen. Das Ego *WILL* keine Veränderung.
- Das Ego benutzt die Angst des Versagens und will uns einschüchtern, damit wir uns in unseren faden, gewöhnlichen Leben bleiben. *„Lass alles lieber beim Alten, damit Du keine Enttäuschung erlebst."*

„Es gibt nichts Besseres um das Ego zu stärken, als es glauben zu lassen, dass es Recht hat." Eckhart Tolle

*****

ÜBUNG: Du hast Recht!
Lese das Zitat von Eckhart Tolle nochmal.

In einer Meinungsverschiedenheit zwischen zwei Menschen, steigern sich eine oder beide Personen immer weiter in den Konflikt hinein, weil das Ego unbedingt Recht haben *WILL*. Der ganzen Körper ist dabei deutlich aufgeregt. Um zu beobachten wie schnell das Ego sich im Körper entspannt, sage einfach und mit Mitgefühl: *„Du hast Recht."* Je öfters Du bestätigst, dass der andere Recht hat, desto mehr wirst Du die Entspannung des Egos in der Entspannung des Körpers Deines Gegenübers beobachten können. Wenn Du das Gespräch beenden möchtest, bestätige immer wieder, dass der anderen Recht hat. Deinem Gegenüber werden keine weiteren Argumente einfallen. Mehr dazu jetzt.

*****

ÜBUNG: Erlaube Deinem Ego nicht mitzuspielen

Erkenne in dieser Person, dass das nicht sein *bewusstes,* wahres, authentisches Selbst ist das sich austobt, sondern sein oder ihr Ego. Beobachte das Toben so entspannt wie möglich und sei Dir bewusst, dass etwas in deren Programmierung getriggert wurde. Habe Mitgefühl statt Mitleid mit ihm oder ihr, denn es kann uns allen passieren.

Aufgepasst! Wenn Du Deinem Ego die Regie übergibst, wird es, getriggert vom Streit, mit lauter Widerworten in den Kampfring steigen und Deine Schwingung in eine extrem niedrige Frequenz hinunterziehen. Natürlich ist es abhängig von der Person und Situation, wie und ob Du überhaupt reagierst.

Wenn Du trotz Auseinandersetzung mit einer Person eine Lösung finden möchtest oder musst, wäre eine Möglichkeit sich zurückzunehmen und stillschweigend zuzuhören, während sich das Ego des anderen austobt. Lass Dich dabei nicht aus der Ruhe bringen und zeige Mitgefühl, indem Du vorschlägst die Auseinandersetzung jetzt oder später in einem friedvollen Ton zu lösen: *„Ich bin mir sicher, dass wir dieses Missverständnis klären können. Ich höre Dir zu, Du hörst mir zu.“* Eine Klärung kann nur kommen, wenn beide Personen es möchten.

Wenn Du ohnehin meinst, dass es sich eine Lösung nicht lohnt, kannst Du einen kurzen Moment ganz entspannt und stillschweigend die Situation beobachten und Dich dann daraus entfernen. Dieses Verhalten zeigt Stärke! Du hast gewählt, Deine hohe Schwingung nicht mit dieser niedrigen Schwingung anzugleichen. Dein Gegenüber bleibt alleine auf einer niedrigen Schwingung zurück.

*****

Leider ist die Ego Programmierung bei vielen Menschen auf der Welt noch auf Kampf und Verteidigung eingestellt, da das Ego die Macht und die Kontrolle unbedingt behalten *WILL*.

„Das NICHT auf das Werken des Egos in anderen zu reagieren, ist einer der effektvollsten Werkzeuge, nicht nur um Dein eigenes Ego zu schwächen, sondern auch das kollektive Ego der Menschheit zu schwächen." – Eckhart Tolle

Das Ego versucht also, auf viele Arten und Weisen die Macht über Dich zu behalten. Lass Dir das nicht gefallen! Es gibt viele Wege die Macht Deines Egos über Dich zu mindern:

- Sei Dir Deiner Gedanken bewusst. Dein Ego ist *nicht* Dein wahres, authentisches Selbst. Es sind nur einige Stimmen in Deinem Kopf.
- Sei im Hier und Jetzt. So entgehst Du Deinem Ego und spürst Dein wahres, authentisches Selbst.
- Meditiere. So schaffst Du Dir eine Pause vom *unbewussten* Ego-Geschnatter und kommst Deinem wahren, authentischen Selbst näher. Ohne aktive Ego Programmierung erfährst Du wer Du wirklich bist.
- Akzeptiere einer Situation wie sie *JETZT* ist. Das Ego urteilt und bezeichnet eine Situation als gut oder schlecht. Urteilen, Widerstand und Dinge nicht akzeptieren, erzeugt Leid.
- Sei Dir bewusst, dass alle Situationen Gelegenheiten sind um zu wachsen. Wenn Du ihnen mit Widerstand begegnest, verstärkst Du die Situation. Um mit der Situation fertig zu werden, akzeptiere die Situation wie es jetzt ist und überlege Dir Deinen nächsten Schritt.

Unser wahres, authentisches Selbst weiß, dass jede Situation eine Gelegenheit zu wachsen ist. Das Ego fragt: *„Was bekomme ich dafür?"* Dein wahres, authentischen Selbst, fragt hingegen: *„Wie kann ich helfen?"*

Jede Situation ist eine Gelegenheit zum Wachsen, egal was Dein Ego Dich glauben lassen will.

Dein Ego will nur, dass Du Deinen Tag heile überstehst. Wenn es eine potentielle Gefahr oder ein Risiko vermutet, wird es garantiert versuchen Dich davon abzuhalten.

Bewege Dich vorwärts, sei Dir der Werkzeuge Deines Egos bewusst. Lass Dich nicht einschüchtern und versuche so oft wie möglich im Hier und Jetzt zu sein.

Dein Ego agiert im Unbewusstsein. Du, Dein wahres, authentisches Selbst hingegen agiert im Bewusstsein.

Wenn Du Deinem Ego *erlaubst,* Deinen Gedanken zu regieren und Du Dir nie die Zeit nimmst Dich Deiner Gedankenwelt zu entziehen, dann verlierst Du den Kontakt zu Deiner Seele und Deinem wahren, authentischen Selbst. Lerne Dich, wirklich kennen und strebe danach die beste Version Deiner Selbst zu sein.

Durch diese Informationen und das bewusste Ausführen der Übungen im Alltag, wirst Du nach und nach erfolgreich Dein Leben verändern. Du wirst glücklicher schwingen!

Im Gegensatz zu Deinem Ego, gibt es jedoch eine Stimme, bei der es sich lohnt zuzuhören…

DIE STIMME DEINES INNEREN KINDES

Es gibt eine sehr zarte Stimme in Dir, bei Der ich Dir sehr ans Herz lege zuzuhören. Du wirst ganz deutlich erkennen, dass diese Stimme ganz anders ist, als die Stimmen Deines Egos. Diese wundervoll zarte Stimme kommt von Deinem „inneren Kind". Es ist die Stimme Deines Selbst aus Deiner Kindheit. Dein „inneres Kind" begleitet Dich Dein ganzes Leben lang. Erinnere Dich an Deine Kindheit. Wie warst Du als Kind?

Wie Dein inneres Kind sich jetzt in Deinem erwachsenen Körper fühlt, beeinflusst Deine Schwingung und Dein Empfinden von Glück!

Alles was Du in Deiner Kindheit gelernt und erfahren hast, existiert jetzt noch in Dir. Dein inneres Kind *fühlt* noch die Erinnerung an die Regeln, denen Du folgen musstest, es fühlt noch seine bestimmte Rolle in der Familie. Dein inneres Kind hört noch die Sprüche, die es häufiger gehört hat. Es hat das Verhalten nahestehender Personen vor Auge. Es hat alles gespeichert. Dein inneres Kind fühlt auch noch alten „Ballast" und Gefühle von Einsamkeit und Hilflosigkeit. Glücklicherweise, fühlt es auch Deine positive Einstellung zu Dir selbst, dem Leben und der *Freude*, die Du immer noch *jederzeit* aktivieren kannst.

Es ist Dir wahrscheinlich bis jetzt nicht bewusst gewesen, dass Dich Dein „inneres Kind" die ganze Zeit begleitet hat. Das Kind ist noch da, obwohl Du jetzt Erwachsen bist. Als Erwachsene oder Erwachsener, ist es Deine Verantwortung Dein inneres Kind wahrzunehmen und mit dem was es braucht zu versorgen... ob Trost oder Spaß und auf jeden Fall viel Liebe.

Das Glücklichsein Deines inneren Kindes jetzt, trägt zum Glücklichsein als Erwachsene oder Erwachsener bei.

*****

ÜBUNG: *„Gebraucht hätte ich…"*

Nimm einige Seiten und schreibe auf, was Du als Kind gebraucht hättest, aber nicht bekommen hast. Hiermit meine ich beispielsweise Aufmerksamkeit, aber auch materielle Dinge. Hast Du das Gefühl, dass Du geliebt und unterstützt wurdest? Das Du verstanden und akzeptiert wurdest? Hast Du das Gefühl bekommen, dass Du in Sicherheit warst, versorgt wurdest und das immer jemanden Zeit für Dich hatte? Wurden Deine Wünsche erfüllt?

Starte Deine Liste mit: *„Gebraucht hätte ich…"*

*****

ÜBUNG: *Ich hätte gern diese Worte gehört…"*

Welche Worte hättest Du gern als Kind häufiger hören wollen? *„Ich liebe Dich." „Du bist ganz besonders." „Du bist schlau." „Egal was passiert, ich helfe Dir, ich stehe zu Dir." „Wenn Du ein Problem hast, komme zu mir, wir werden es gemeinsam angehen." „Ich glaube Dir." „Ich glaube an Dich." „Das schaffst Du." „Gut gemacht!"*

Nimm Dir die Zeit darüber nachzudenken und schreibe dann auf, was genau Du gerne gehört hättest.

„Ich hätte gern diese Worte gehört: …"

Du kannst Deinem inneren Kind all diese Dinge und Worte, die Du aufgeschrieben hast, heute und zukünftig sagen und somit das „Nachholen" was Du damals gebraucht hättest. *Fühle, wie Deine Worte und Dein Handeln Deinem inneren Kind wohltun.*

*****

ÜBUNG: Freude

Schreibe zehn Beispiele auf, die Dir als Kind Freude bereitet haben.

Dinge wie: Fahrrad fahren, Schwimmen, Malen, Lesen, Schreiben, Spiele spielen, Lieblingsorte besuchen, Kochen, Backen, Sport, Musik, Singen, Tanzen, Basteln, mit Tieren zusammen sein. *Fühle* wie Du Dich fühlst, während Du sie aufschreibst. Nimm Dir Zeit, jede Erinnerung erneut zu fühlen. Nimm Dir vor, mehrere Dinge auf der Liste wieder in Dein Leben zurück zu bringen. Dein inneres Kind wird sich freuen!

*****

Als Kind, wohnte ich mit meiner Familie in einem Dorf an der Ostküste der USA im Bundesstaat Massachusetts, nicht weit entfernt vom Atlantik. Ich bin in jungen Jahren, liebend gern bei Wind und Wetter draußen gewesen. Die Kraft der Elemente zu fühlen war magisch für mich. Ich verbrachte mehr Zeit in den Bäumen als auf der Erde. Meine Mutter rief mich immer zwanzig Minuten vor dem Essen damit ich genügend Zeit hatte den Baum herunter zu klettern. Mein Vater hatte einen alten Autoreifen mit einem Seil an einem Ast aufgehängt. Jeden Morgen, besonders in den warmen Sommertagen, saß ich, noch im Schlafanzug, in der Reifenschaukel und drehte sie so häufig ich konnte und schaute zu, wie das Tau sich oben in der Baumkrone immer schneller und schneller aufdrehte. Das Schwindelgefühl war herrlich! Auch der Schnee im Winter hielt mich nicht davon ab mich im Reifen zu drehen. Ich streckte dabei meine Zunge heraus und fing die Schneeflocken mit meinem Mund auf.

Ich sammelte Tannenzapfen, Blätter, Eicheln, Kastanien, Steine, Wurzelholz, Maiglöckchen, Beeren, Insekten, Kaulquappen und Glühwürmchen, also praktisch alles was Mutter Natur zu bieten hatte. Ich ging sorgfältig damit um, weil ich irgendwie wusste, das *alles lebt.* Meine Mutter lächelte als ich Frösche, Salamander und Schlangen mit nach Hause brachte. Sie erinnerte mich, dass es alle Lebewesen seien, die ich behutsam behandeln müsse, bevor ich sie wieder freilassen würde...möglichst sehr bald! Die grünen Gartenschlangen waren meine Favoriten. Mit nachgeahmtem Gezwitscher, habe ich versucht mit den Vögeln zu kommunizieren. Meine Mutter meinte immer wieder, dass ich meinem Namen *„Robin",* was auf Deutsch *„Rotkehlchen"* bedeutet, alle Ehre machte. Ich habe stundenlang Glücksklee und Maikäfer im Gras gesucht. Oft lag ich nur da und beobachtete die Wolken und fühlte die Erde unter mir. Es ist ein himmlisches Gefühl, sich als Teil von etwas Größerem zu *fühlen.*

Im Haus liebte ich es Geschichten zu lesen, zu schreiben, zu nähen, zu basteln, Spiele zu spielen, Kekse und Kuchen zu backen, Klavier zu spielen und mit Wasserfarben zu experimentieren. Die Liste ist lang! All diese Dinge, Aktivitäten und Hobbies erfüllten mein Herz mit so viel Freude!!! Ich kann mein inneres Kind heutzutage noch mit so viel davon erfreuen und tue es jetzt bewusst! Allein durch das Niederschreiben meiner Kindheitserinnerungen bringe ich meinem inneren Kind Freude. *Ich fühle es in meinem Körper.*

Erinnere Dich auch an das was Dir als Kind Freude bereitet hat und bringe es mehr und mehr in Dein jetziges Leben zurück! Du wirst merken wie glücklich es Dich macht!

Ich habe auch Kindheitserinnerungen, die heute noch in mir Gefühle von Einsamkeit, Hoffnungslosigkeit und Traurigkeit auslösen. So weiß ich, dass mein inneres Kind noch Liebe, Trost und Zuversicht braucht. Mit bestimmten Worten und Sätzen schaffe ich es gute Gefühle zu erzeugen.

Als Beispiel sind die Sätze: *„Du bist wichtig."* und *„Du darfst Dich glücklich machen."* Balsam für mein inneres Kind. Als ich sieben Jahre alt war, wurde meine Mutter mit MS, einer Nervenkrankheit, diagnostiziert und kam ziemlich schnell in einen Rollstuhl. Mit zwei jüngeren Brüdern und einen Vater, der beruflich viel unterwegs war, hatte ich plötzlich viel zu tun. Oft hatte ich das Gefühl niemand sieht, dass ich auch Bedürfnisse habe. Ich habe den Glaubenssatz: *„Ich bin nicht wichtig, ich darf mich nicht glücklich machen, meine Bedürfnisse sind unwichtig."* in mich einprogrammiert. So schnell kann das gehen. Dieser Glaubenssatz zeigte sich in viele meiner Lebenssituationen, bis ich ihn letztendlich erkannt und verändert habe. Deswegen sage ich öfters zu meinem inneren Kind, besonders nachdem ich viel Zeit damit verbracht habe „erwachsene" Dinge, wie Papierkram, zu erledigen: *„Du bist mir sehr wichtig. Jetzt machen wir etwas was Dich glücklich macht!"*

Wir haben alle Kindheitserinnerungen, die uns noch sehr berühren. Baue etwas in Deinem Alltag ein, um Deinem inneren Kind ein zuversichtliches, freudvolles Gefühl zu geben. So schwingt Ihr *beide* glücklicher!

Als ich damals las, dass es sehr wichtig sei, Kontakt mit seinem inneren Kind aufzunehmen, war ich skeptisch. Seine Existenz war mir überhaupt nicht bewusst. Zunächst, wollte mein inneres Kind nur, dass ich seine Anwesenheit *fühle*. Ich sagte, wie eine Erwachsene, dass mit seinem Kind spricht: *„Du bist nicht allein, kleine Robin, ich bin hier. Es tut mir leid, dass ich Dich so lange allein gelassen habe. Jetzt weiß ich, dass Du da bist. Ich liebe Dich."* Beim schreiben dieser Sätze kamen mir die Tränen. Mein inneres Kind hat zugehört, gibt mir einen Wink, dass es jetzt Zuwendung braucht. Jetzt mache ich Pause.

*****

ÜBUNG: Kontakt aufnehmen

Setz Dich an einen ruhigen Ort. Nimm Dir zehn Minuten, bis der Kontakt da ist. Du wirst es *fühlen.* Dann beginne mit Deinem inneren Kind zu sprechen, wie Du meinst.

Nur als Beispiel:

„Liebe(r) kleine(r) (Dein Name/Spitzname), ich grüße Dich. Jetzt bin ich hier. Es ist mir bewusst, dass Du mich die ganze Zeit begleitest."
Warte und fühle.

Ob Du beim ersten Kontakt die folgenden Fragen stellen möchtest, überlasse ich Dir. Wenn Du jedoch soweit bist, frage: *„Wie geht es Dir?"* *Warte und fühle.* *„Was wünscht Du Dir?"* *Warte und fühle.* Dein inneres Kind hat Dich gehört, auch wenn es nicht sofort antwortet. Du wirst merken, dass es sich in Dir regt. Vielleicht möchte es, dass Du mit ihm sprichst oder irgendetwas, was Dir aus der Kindheit Freude brachte, tust. Deine Gedanken hört es laut und deutlich. Achte auf Deine Gefühle, so kannst Du erkennen, wie Dein inneres Kind sich fühlt. Je öfters Du Zeit und Geduld zum Zuhören nimmst, desto einfacher wird es seine Wünsche zu erkennen.

Dein inneres Kind ist ein Teil von Dir und möchte wahrgenommen werden. Es ist sehr wichtig die Gefühle, Wünsche und Bedürfnisse Deines inneren Kindes wahrzunehmen. Es ist wichtig sie, in Deinem Erwachsenendasein, so gut wie möglich, aufzufangen und zu erfüllen.

Wenn Dein inneres Kind sich wahrgenommen fühlt und dadurch glücklich ist, fühlst auch Du Dich glücklicher!

Es gibt unzählige Bücher und Information im Internet über „Das innere Kind".

DIE INTELLIGENZ DEINES HERZENS

Der Weg ins Herz ist ganz kurz, er braucht nicht mehr als ein Lächeln.

Häufig, entweder unter Freunden oder auf beliebigen Bildschirmen, sehen wir die Geste der *Hand auf dem Herzen.* Diese Geste hat verschiedene Bedeutungen. Manchmal bedeutet sie „Danke", manchmal ist sie ein Zeichen des Mitgefühls, ein Zeichen, dass das Herz berührt wurde, oder dass Liebe gesendet und gefühlt wird. Herzerwärmend ist auch die Geste, *ein Herz aus zwei Hände geformt.* Ich freue mich jedes Mal diese Gesten zu sehen! Langsam aber sicher bewegen sich unsere körperlichen Gesten mehr zu unseren Herzen hin. Das Herz bekommt zunehmend Aufmerksamkeit... endlich!

Als „westliche" Menschen, ist unser Wahrnehmungs-bewusstsein hauptsächlich im Kopfbereich. Unsere Sinne: Sehen, Hören, Schmecken und Riechen lenken unsere Aufmerksamkeit zum Kopf hin. Auch unsere Erziehung und unsere Denkmuster halten uns leider fast nur im Kopfbereich. Damit unsere Wahrnehmung ausgeglichen ist, ist es sehr wichtig für uns, dass beide Wahrnehmungsweisen, Kopf und Herz, benutzt werden. Sind wir nur „kopfgesteuert", ist unsere Wahrnehmung *verzehrt.*

Der Verstand des Egos betrachtet alles vom Außen analysiert, es ordnet und „trennt" uns von einander. Unser Herz nimmt Eindrücke intuitiv von Innen wahr. Das Herz weiß, dass wir mit Allem verbunden sind, nicht voneinander getrennt.

Es gibt unterschiedliche Arten von Intelligenz. Intelligenz des Denkens, des Verstandes, des Bauches, aber auch des Herzens. Wenn wir ausschließlich mit der Intelligenz unseres Kopfes wahrnehmen und danach handeln, entsteht ein Ungleichgewicht. Besonders in dieser Zeit, im Jahr 2023, sehen wir die dramatische Auswirkung dieses Ungleichgewichts in der Welt, die wir durch unsere Gedanken und unser Handeln mit wenig Herzensenergie, *selbst erschaffen haben.* Wir erleben ein unbewusstes, Ego zentriertes Verhalten von Nehmen ohne Rücksicht auf Verlust, von Konkurrenzdenken und Missachtung Lebewesen und die Erde gegenüber.

Ein Mensch, der im Einklang mit der Liebe und Weisheit des Herzens ist, schadet weder die Erde noch andere Lebewesen. Das Herz versucht uns wachzurütteln und uns bewusst zu machen, dass wir mit der Erde, der Natur, den Tieren, den Elementen, wirklich mit Allem, verbunden sind. Wenige unserer Vorfahren sind mit diesem Bewusstsein aufgewachsen, daher konnten sie uns auch nicht damit großziehen. Uns wurde in der Schule auch nicht gelehrt, dass alles lebt und das alles was wir tun eine Wirkung auf andere hat. Es ist nicht in unserer Programmierung. Hingegen wurde uns das Konkurrenzdenken und das Getrenntsein vom allem, gelehrt.

Es ist ganz einfach zu verstehen: Wenn es der Erde gut geht, geht es uns allen gut. Wenn es anderen Lebewesen und Menschen gut geht, geht es uns allen gut.

Wir sind nicht vom einander getrennt! Weil alles Energie ist, sind wir mit allem verbunden. Wenn wir etwas oder jemandem

Schaden zufügen, auch wenn es „nur" durch negative Gedanken oder Worte geschieht, schaden wir uns selbst. Wenn wir auf etwas „Unerwünschtes" schauen, füttern wir es mit der Energie unserer Aufmerksamkeit. Während wir diese Aufmerksamkeit schenken, stärken wir es und die ganze Welt mit negativer, niedrigschwingender Energie.

Dein Herz ist weise und intelligent!

Die Sätze: *„Höre auf Dein Herz.", „Was sagt Dein Herz?"* und *„Dein Herz weiß die Antwort."* sind bedeutende Hinweise. Es ist höchste Zeit Deinen verlorenen Zugang zur Intelligenz und Weisheit Deines Herzens wiederzufinden. Es ist höchste Zeit Dein Herz ganz sanft wieder zu erwecken, zu öffnen und Gehör zu schenken. Dein Kopf ist viel lauter im Vergleich. Dein Herz flüstert. Wenn Du bereit bist genauer hinzuhören, hat es die Antworten, die Dich in eine höhere Schwingung bringen und halten werden. Dein Herz ist weise. Die Antworten aus Deinem Herzen sind immer von der höchsten Schwingung, der Liebe. Höre auf Deinen Kopf, aber zunehmend auf Deinen Herzen.

Zu viele von uns haben unsere Herzen geschlossen um uns vor schmerhaften Gefühlen zu schützen. Wir tragen alle Wunden im Herzen und benötigen eine große Portion Mut unser Herz, trotz allem, wieder zu öffnen, darauf zu hören und zu vertrauen. Nur wenn Du Dich traust Dein Herz zu öffnen, kannst Du wahrhaftig die Schwingung der Liebe *fühlen* und mit der Welt teilen. Dich mit der Energieschwingung der Liebe zu verbinden ist das Beste was Du für Dich tun kannst. Erinnere Dich: Dein wahres, authentisches Selbst ist Liebe, so verbindest Du Dich mit Deinem wahren, authentischen Selbst.

Öffnest Du Dein Herz, so strahlst Du Deine Schwingung der Liebe in die Welt hinaus und verbindest Dich mit der Liebe um Dich herum. So ziehst Du automatisch, wie ein Magnet, Situationen und Menschen in Resonanz mit der Schwingung der Liebe an.

*****

Als ich mich mit dem Thema, der Intelligenz meines Herzens beschäftigte, halfen mir diese Übungen:

ÜBUNG: Schenke Deinem Herz ein Lächeln

Obwohl sie simpel ist, hat diese Übung eine große Wirkung! Du hast Dich bereits mit dem Gedanken *„Energy flows where attention goes.“* *(„Energie fließt dorthin wodrauf Du Deine Aufmerksamkeit richtest.“)*, angefreundet. Mit dieser Übung *schenkst* Du Deinem Herz ein Lächeln und die Energie Deiner Aufmerksamkeit.

1. Gönne Dir eine Pause. Sitze ruhig, schließe Deinen Augen und lächele.
2. *Fühle* Dein Lächeln im Gesicht.
3. Lege Deine Hand auf Dein Herz und bewege Dein Lächeln zur Mitte Deines Herzens. Wenn Dein Lächeln im Herzen angelangt ist, kannst Du Deine Hand entweder dortbehalten oder in den Schoß legen.
4. Halte die Augen zu. Lächele weiter, während Du Dir Dein Lächeln in Deinem Herzen bildlich vorstellst und fühlst.
5. Verharre dort, mit Deinem Lächeln im Herzen, für einige Minuten. *Fühle,* wie Dein Herz sich regt und freut.

*****

Wenn Du bedenkst was Dein Herz für Dich tut, ist es wirklich an der Zeit, ihm das Geschenk Deiner Aufmerksamkeit öfters zu machen. Auch wenn Du diese Übung zunächst nur einmal am Tag praktizierst, wirst Du merken, wie gut Du Dich dabei fühlst. Dieses Gefühl wird zunehmen. Ich hoffe, dass Du Dir und Deinem Herzen bald mehrere Pausen am Tag gönnst.

Es ist zum Vorteil für Deine Schwingung, wenn Du diese Übung zu einer Gewohnheit machst. Dadurch entsteht zunehmend ein Gleichgewicht zwischen Kopf und Herz. Nach ein paar Malen schaffst Du es Dein Lächeln in Deinem Herzen zu halten, ohne die Augen zu schließen und kannst sie zu jeder Zeit praktizieren... sogar im Auto, dem Bus, dem Zug oder auf dem Fahrrad!

Um mich am Anfang daran zu erinnern in meinem Herzen hinzulächeln, habe ich mir gelbe Post-It Aufkleber besorgt und mit lächelnden Gesichtern bemalt. Diese habe ich dann, zum Beispiel, am Badezimmerspiegel, an den Fliesen über meinem Herd und am Bildschirmrand meines Laptops und Fernsehers geklebt.

*****

ÜBUNG: Die Rose - Dein Herz öffnen
(abgeleitet von einer Übung von Donald Jaskolla)

1. Schließe Deine Augen und atme ganz ruhig ein und aus.
2. Stelle Dir eine Rose in der Mitte Deiner Brust vor, dort befindet sich Dein Herzchakra. Die Rosenknospe ist noch geschlossen.

3. Atme ein und stelle Dir vor, dass die Rose sich langsam öffnet.
4. Jedes Mal, wenn Du einatmest, öffnet sich die Rose, Dein Herz, noch weiter.
5. Nach einigen Minuten hat sich die Rose in Deinem Herzen ganz geöffnet.
6. Dein Herz hat sich bei dieser Übung geöffnet. *Fühle...*
7. Du verbindest Dich mit der Energie der Liebe, sie ist überall.
8. Atme die Liebesenergie ganz ruhig ein und aus.
9. Halte Dein Herz geöffnet so lange Du möchtest. *Fühle...*
10. Genieße die Liebe, die Du bist und um Dich ist.

*****

EINE EINFACHE, ABER BRILLIANTE ÜBUNG: Hand aufs Herz

Wenn Du merkst, dass Du beim Denken, Entscheiden und Handeln zu „kopfgesteuert" bist und Deine Gedanken rasen, lege eine, oder beide Hände auf Dein Herz. Verharre dort einige Minuten mit der Energie Deiner Aufmerksamkeit. Dabei signalisierst Du Deinem Herzen, dass Du Kontakt suchst, zuhörst und Dir mehr Herzensenergie und -Intelligenz in Deinem Leben, wünscht. Übe regelmäßig und fühle wie es Dir dabei geht. Du wirst staunen!

*****

*****

ÜBUNG: Frage Dein Herz

Dein Herz ist sehr intelligent und kann direkt gefragt werden. Wenn Du eine Entscheidung treffen möchtest, kannst Du Dein Herz um Hilfe bitten.

1. Lege Deine Hand auf Dein Herz.
2. Denke oder sage: *„Liebes Herz, ich bitte Dich um Hilfe bei dieser Entscheidung. Danke."*
3. Schildere die erste Möglichkeit und fühle wie Dein Herz sich wirklich fühlt. Lasse Dir Zeit zu fühlen.
4. Dann schildere die zweite Möglichkeit und fühle wie Dein Herz sich hierbei *wirklich fühlt.*
5. Wiederhole den Vorgang, bis Du Deinem Herzen alle Möglichkeiten geschildert hast.

Du wirst Deine eigenen Erfahrungen machen. Bei mir merke ich ein beklemmendes Gefühl im Herzen bei ungünstigeren Möglichkeiten und ein leichteres, offeneres Gefühl bei günstigeren Möglichkeiten. Es ist als ob ich besser atmen kann. Jedes Mal, wenn Du Dein Herz befragst, wird es einfacher zu deuten sein.

*****

*****

ÜBUNG: Frage Dein Herz – Hinhören!

1. Ganz entspannt, sitze oder liege ruhig da, lächele in Dein Herz hinein.
2. Denke oder sage: *„Liebes Herz, was möchtest Du mir sagen?"*
3. Lausche Deinem Herzen für einige Minuten. Manchmal hörst Du leise Worte, manchmal sind es Bilder vor Deinem inneren Auge. Manchmal wiederum ist es einfach ein Gefühl von Frieden. Erinnere Dich: *Das Herz flüstert, das Ego ist laut.*
4. Für alles was Du bekommst, denke oder sage: *„Danke!"*

*****

ÜBUNG: Denke oder sage: *„LIEBE".*

Um schnell Kontakt mit Deinem Herzen aufzunehmen, hilft es, wenn Du das Wort *„LOVE"* oder *„LIEBE"* einfach denkst oder sagst. Probiere es aus! Wie fühlst Du Dich jetzt?

*****

Die Entscheidung zu treffen, auf die Intelligenz Deines Herzens zu hören, wird Dein Leben positiv verändern! Einen bereichernden Schritt gibt es nicht.

*****

*****

„Das ist unmöglich!" sagt die Angst.
„Zuviel Risiko!" sagt die Erfahrung.
„Macht keinen Sinn!" sagt die Zweifel.
„Versuch's!" flüstert das Herz.

*****

„Ihre Visionen werden nur klar, wenn Sie in Ihr eigenes Herz schauen. Wer nur rausschaut, träumt; wer reinschaut wacht auf." - C. J. Jung

*****

Es gibt viele weitere spannende Informationen über die Intelligenz des Herzens, in Büchern und im Internet.

VERTRAUE DEINEN GEFÜHLEN

Wie Du inzwischen weißt, erzeugen Deine Gedanken Deine Gefühle. Es ist daher äußerst wichtig aufmerksam auf Deine Gefühle zu achten und sich zu fragen: *„Wie fühle ich mich, wirklich?"* Deine Gefühle sind Dein inneres Führungssystem. Sie lassen Dich *fühlen,* ob Du auf dem richtigen Weg bist. Dein Weg ist natürlich „richtig" für Dich, wenn Du Dich gut fühlst, es sei denn, Du willst Dich nicht gut fühlen und lieber leiden. Aber wozu? Du weißt jetzt, dass es keinen Grund gibt zu leiden. Du kannst Deine Gedanken ändern!

Wenn Du Dich gut fühlst, erschaffst Du kontinuierlich eine hohe Schwingung und ziehst Dinge, Menschen und Situationen, die Dich „gutfühlen" lassen an. Auf Deine Gedanken und Gefühle zu achten, lohnt sich also wirklich!

Es gibt Zeiten im Leben in denen wir trauern und diese Gefühle zuzulassen ist wichtig. Akzeptiere alle Deine Gefühle und stehe dazu. Es gibt aber in diesen Zeiten der Trauer Gedanken und Sätze die Dich, trotz alldem, auf eine höhere Schwingung bringen können. Sie können Dir helfen Deinen Kopf über Wasser zu halten.

Du schaffst es eine höherschwingende Energie zu erschaffen indem Du Dir sagst, wie zum Beispiel: *„Ich gehe mit meiner Trauer so gut wie ich kann um. Ich nehme mir die Zeit die ich brauche, um zu Trauern. Mein Trauern wird irgendwann vorbei sein. Ich schaue mit Zuversicht in die Zukunft. Mein Leben geht weiter. Jeden Tag fühle ich mich besser. Auch diese geht vorbei."* Jeder Gedanke, jeder Satz, der Dich besser fühlen lässt, ist zu Deinem Vorteil. Nur Du bestimmst, wie Du über irgendetwas denken möchtest.

*****

ÜBUNG: Klettere die Leitersprossen hoch

Du kannst jeder Zeit Deine Gedanken verändern. Wenn Du Dich nicht so gut fühlst, wie Du Dich fühlen möchtest, dann stelle Dir vor, wie Du eine Leiter hochkletterst.

1. Beginne damit die erste Leitersprosse zu besteigen, indem Du Deine Gedanken auf etwas fokussierst, dass Dir ein gutes oder fröhliches Gefühl gibt. Suche Dir hierzu *einen einzigen Gedanken,* zu egal welchem Thema aus und fühle, wie sich das gute Gefühl in Dir ausbreitet. Verharre einen Moment auf dieser ersten Sprosse, bevor Du Dich daran machst die Nächste zu erklimmen.
2. Wenn Du bereit bist, bewege Dich zur zweiten Sprosse mit einem weiteren Gedanken, der Dich noch besser fühlen lässt, und so weiter. Von Sprosse zu Sprosse bewegst Du Dich mit Deinen Gedanken, bis Du oben an der Leiter angekommen bist und Du Dich richtig gut fühlst. Die Erfahrung, die Du mit dieser Übung machst ist magisch! Du fühlst Deine Kraft und die Macht Deiner Gedanken.

*****

Vertraue immer auf die Gefühle, die Du in Dir wahrnimmst! Hätte ich meinen Gefühlen mehr Aufmerksamkeit geschenkt und ihnen mehr vertraut, hätte ich einige Dinge in meinem Leben anders erschaffen.

Oft *erlaubte* ich der Stimme meines Egos meine Entscheidungen, basierend auf meiner Programmierung aus meinen vergangenen Erfahrungen, zu sehr zu beeinflussen. Ich hätte die Chance gehabt mich auf etwas Neues und das was meine Gefühle mir in dem Moment mitteilten, einzulassen. Oft hörte ich mehr auf die Meinungen anderer, statt meinen eigenen Gefühlen zu folgen. Hinterher bereute ich meine Entscheidungen häufig und musste wirklich üben meinen Gefühlen Aufmerksamkeit und vor allem Vertrauen zu schenken. Zuvor hatte ich auf meinem Weg, das Vertrauen in meine Gefühle verloren. Ich zweifelte ob sie „richtig" waren, ob ich „richtig" fühlte.

Deine Gefühle sind echt und genau richtig. Du bist nicht „zu sensibel", solltest Du das Mal gehört haben. Mach Dir jederzeit bewusst, was genau Du fühlst. *Bewerte Deine Gefühle nicht - niemals!* Jeder Mensch fühlt anders, weil wir unter-schiedlich denken, auch wenn wir die gleiche Situation erleben. Es gibt Menschen, die tiefer und intensiver fühlen, die mehr aus ihrem Herzen leben. Vielleicht bist Du einer davon. Inzwischen solltest Du erkannt haben, dass es eine wahrhafte Stärke ist „sensibel zu sein". Je mehr Du fühlst in Deinem Herzen anstelle Deines Egos zuhörst, desto höher ist Deine Schwingung. Das ist nicht nur vorteilhaft für Dich und Dein Leben, sondern auch für die Welt im Allgemeinen.

Vertraue immer auf Deine Gefühle!

Achte darauf, dass Du sowohl Deine Gefühle, als auch die Gefühle anderer, *vollkommen akzeptierst und respektierst,* auch wenn sie sehr unterschiedlich und fremd von Deinen eigenen sind. Jeder hat das Recht, die Gefühle zu haben, die er fühlt. Für sie sind ihre Gefühle echt. Versuche nicht irgendjemandem seine oder ihre Gefühle auszureden oder sie zu entwerten. Wir sind alle unterschiedlich programmiert.

STRATEGIE DER EMOTIONALEN ENTWERTUNG

Es gibt eine Strategie der emotionalen Entwertung über die Du Bescheid wissen solltest, um sie zu identifizieren und abzuhalten. Die Anwendung der Strategie ermöglicht es einem die Kontrolle über anderen zu „ergreifen" und ist eine Form des emotionalen Missbrauchs. Ich stolperte zufällig über diese Information und dachte an meiner Vergangenheit. Ich erkannte, dass jemanden aus meinem Freundschaftskreis diese Strategie erfolgreich bei mir angewandt hatte. Durch diese Erfahrung, habe ich mich damals verunsichert gefühlt und ich vertraute meinen eigenen Gefühlen nicht mehr.

Hier ein paar Beispiele. Stelle Dir vor, Du erzählst wie Du Dich fühlst und jemanden antwortet mit:
1. *„Es ist nicht so schlimm, wie Du es Dir ausmalst."*
2. *„Ist doch keine große Sache. Du überreagierst, es könnte viel schlimmer sein."*
3. *„Du bist zu sensibel. Sei nicht so empfindlich."*
4. *„Hör auf alles so persönlich zu nehmen."*
5. *„Du solltest Dich nicht so fühlen."*
6. *„Ach, Du und Deine Gefühle schon wieder."*
7. *„Ich sehe kein Problem, also muss es Dein Problem sein."*

Wie fühlst Du Dich nachdem Du diese Sätze gelesen hast? Noch wichtiger, wie fühlst Du Dich nachdem Du sie von jemandem gehört hast?

Wenn wir solche Kommentare hören, kann es uns glauben lassen, dass unsere Gefühle falsch sind. Vielleicht stellst Du Dir die Fragen: *„Bin ich zu sensibel und empfindlich? Nehme ich es zu persönlich? Gibt es wirklich kein Problem oder ist es nur mein Problem?"* Solchen Situationen schaden unserem Selbstwertgefühl erheblich. Wir bekommen das Gefühl, dass wir uns so nicht fühlen dürfen und unsere Gefühle nicht „richtig" sind. Das verursacht Verwirrung und wir fangen an uns selbst und unseren Gefühlen zu misstrauen. Wir fühlen als ob etwas mit uns nicht stimmt. Wir fühlen uns, als dürften wir uns nicht so fühlen, wie wir uns fühlen.

Kein Wunder, das dies zu einem mangelhaften Selbstbewusstsein führen kann. Um nicht verletzt zu werden, äußern wir unsere Gefühle nicht mehr. Wir unterdrücken sie und weigern uns sie wahrzunehmen. Leider verschwinden sie nicht, sie landen in unserem Unterbewusstsein und belasten uns dort, bis sie wieder hochkommen und wir bereit sind, ihnen wieder zu begegnen und zu fühlen um sie loslassen zu können.

*****

ÜBUNG: Ist diese Strategie in meinem Leben zu erkennen?

Sei aufmerksam, während Du den Menschen in Deinem Leben zuhörst. Werde Dir bewusst, ob jemanden, bewusst oder unbewusst mit dieser Strategie arbeitet. Falls Du unsicher bist, stelle Dir die einfache Frage: *„Wie fühle ich mich?"* Vertraue immer Deinem Gefühl. Zweifle nie daran!

*****

ÜBUNG: Benutze ich diese Strategie?

Schaue Dich selbst an. Benutzt Du, bewusst oder unbewusst, dieser Strategie? Wie ist diese Strategie der emotionalen Entwertung in Deiner Programmierung gelangt? Von irgendjemandem hast Du sie aufgenommen. Entscheide ob Du diese Strategie in Deinem Programm behalten oder loslassen möchtest.

Wenn Du diese Strategie der emotionalen Entwertung von jemanden duldest oder selbst benutzt, schadest Du den anderen und Dir selbst. Wie gesagt, sie ist eine Form des emotionalen Missbrauchs.

*****

Du „musst" Deine Gefühle nie rechtfertigen. Es sind *Deine* Gefühle. Stehe immer dazu und achte sie! *„So fühle ich mich eben!"*
Schäme Dich nie für Deine Gefühle oder wie Du auf etwas reagierst. Die meisten Gefühle kommen aus Deinen Erfahrungen, gespeichert in Deinem Programm. Etwas löst sie aus, triggert sie. Wenn etwas oder jemand Deine Gedanken über etwas triggern, überlege ob Du „neu" über die Situation, die Person denken möchtest. Dabei veränderst Du Dein Programm und reagierst nächstes Mal anders.

Die Verantwortung liegt immer bei Dir.
Was denkst Du über Dich selbst?

DIR SELBST UND ANDEREN

Sei Dir bewusst, Dein ganzes Leben lang lehren Dich andere, wie Du über Dich selbst denken *sollst*!

Wenn man ehrlich ist, geht Dich gar nicht an, was andere über Dich DENKEN, und Das was sie über Dich SAGEN, noch viel weniger.

Das Wichtigste ist, was Du über Dich selbst denkst und sagst. Es ist entscheidend für Dein Leben. Jeder Deiner Gedanken schwingt unterschiedlich. Du fühlst Dich garantiert besser, wenn Du Gutes über Dich denkst und sagst. Könntest Du Dir vorstellen, ab jetzt *nur Gutes* über Dich selbst zu denken und zu sagen? Falls Du mit *„Nein"* oder *„Es wird schwierig nur Gutes über mich zu denken und zu sagen."* antwortest, dann frage ich Dich, *„Warum?"*
Du kannst denken und sagen was Du möchtest! Warum würdest Du wählen weniger als nur Gutes über Dich zu denken und sagen? Wenn Du die Energie Deiner Aufmerksamkeit ausschließlich auf das was Du an Dir selbst magst fokussierst, verstärkst Du es und erhöhst dabei Deine Schwingung. Falls Du etwas an Dir nicht magst, kannst Du es *jederzeit* ändern oder loslassen. Du hast immer die Wahl, die Verantwortung und, sei Dir gewiss, die Kraft dazu.

Erinnere Dich, die erste Ebene über der schwarzen Linie auf der Schwingungsskala ist Akzeptanz. Egal wie Du Dich selbst im Moment siehst, vollkommene Akzeptanz hält Dich im grünen Bereich. Zu lernen und zu üben Dich selbst in jedem Moment, so anzunehmen und zu akzeptieren *wie Du jetzt bist,* hilft Dir Deine Schwingung zu erhöhen und hochzuhalten.

Im Laufe Deines Lebens hast Du bestimmte Dinge über Dich gehört und einige als Glaubenssätze angenommen. Wie schön, wenn Du viel Positives über Dich gehört und gespeichert hast! Oder, würdest Du irgendwann mal als *„zu dumm, zu langsam, zu dieses oder jenes…"* bezeichnet? Die Aussage: *„Du bist viel zu langsam."* kann Dich Dein Leben lang belasten. Es kann Dich sogar „langsam" machen, weil Du daran glaubst. Es lohnt sich also sich seiner Gedanken und Glaubenssätzen bewusst zu werden, sie zu ändern oder loszulassen. Mehr zu Glaubenssätzen kommt später.

In der Grundschule sagte mir mein Mathelehrer: *„Du bist nicht gut in Mathe."* Ich habe die Aussage damals als Glaubenssatz angenommen und war für lange Zeit „nicht gut in Mathe". Diese Aussage zog mich und meine Schwingung hinunter. *Andere sind gut in Mathe. Warum bin ich nicht gut in Mathe,* dachte ich. Ich habe diesen Glaubenssatz in meinem Programm irgendwann geändert. Ich *wählte* stattdessen zu glauben: *„Meine Mathefähigkeiten verbessern sich stetig."* Rate mal… so war es auch!

*****

ÜBUNG: Erinnere Dich an Glaubenssätze

1. Hast Du *unbewusst erlaubt,* dass eine fremde Aussage über Dich zum Glaubenssatz geworden ist? Welcher Glaubenssatz ist es?
   Schreibe ihn kurz auf.
2. Von welcher Person ist er?
3. Hilft es Dir, diesen Glaubenssatz weiterhin beizubehalten?

4. Ist er wahr?
5. Wie *fühlst* Du Dich, während Du daran glaubst? Schwingst Du glücklich?
6. Verändere den Glaubenssatz so, damit Du glücklicher schwingst.

*****

Erinnere Dich, Du kannst jederzeit über Dich denken was Du möchtest!

Viele von uns tragen Glaubenssätze in uns, die unsere Schwingung hinunterziehen. Sich dieser Stück für Stück bewusst zu werden ist zu Deinem Vorteil. Oft handeln wir unbewusst nach alten Glaubenssätzen, die wir als Erwachsene nicht überprüft haben. Jederzeit kannst Du wählen sie zu löschen oder verändern. Niedrigschwingende Glaubenssätze können uns jahrelang plagen.

Ich lernte einmal einen sehr netten, bekannten, reichen Mann kennen, der wesentlich mehr Zeit im Büro, als zu Hause mit der Familie, verbrachte. Dies ist kein untypisches Bild. Als wir ins Gespräch kamen, fragte ich ihn, wie er sein Leben bis jetzt verbracht hatte. Er erzählte mir, auf seine bescheidende Art, von allem was er erlebte und erreicht hatte. Trotz seiner großen Leistungen, die für wahrscheinlich drei Leben gereicht hätten, merkte ich ihm eine tiefe Traurigkeit und Müdigkeit an. Zum Ende des Gespräches vertraute er mir an, dass sein Vater meinte: *„Aus Dir wird nie etwas werden"*.

Leider starb dieser wundervolle Mann viel zu früh. Ich erkannte, dass er unermüdlich versuchte „etwas aus sich zu machen", um seinen Vater, der bereits dreißig Jahre tot war, vom Gegenteil zu überzeugen. Er glaubte bis zum Schluss, dass er immer noch nicht etwas aus sich gemacht hatte, trotz Anerkennung von Kollegen und seinem restlichen Umfeld.

*****

ÜBUNG: Was *wählst* Du über Dich selbst zu denken?

Schreibe wirklich ALLES auf, was Du an Dir selbst magst! Sicherlich findest Du mindestens 20 Dinge, die Du aufschreiben kannst! (Falls Du den Glaubenssatz „Selbstlob stinkt." in Deinem Programm hast, überlege ob Du diesen löschen oder verändern möchtest.) Welche Glaubenssätze lassen Dich höher schwingen?

Während Du diese liebenswerten Dinge über Dich aufschreibst, hoffe ich, dass Dein Lächeln breiter und breiter wird und Du, durch Deine liebevollen Gedanken, sehr hoch schwingst. Schenke auch Deinem Herzen ein Lächeln, so schwingst Du höher und das ist gut für Dich und den Rest der Welt.

*****

Inzwischen glaube ich ganz fest, dass wir uns täglich selbst lieben und loben „sollen". Wenn wir auf anderen warten das zu tun, ist es vertaner Zeit. Somit verschenken wir, unbewusst, unsere Macht an anderen, statt uns selbst zu lieben, zu loben und glücklich zu machen. Verschwende keine Zeit mehr!!!

Wichtig ist wirklich nur, was Du über Dich selbst denkst und sagst!

Bei dieser Übung sind Dir möglicherweise auch Dinge über Dich selbst eingefallen, über die Du nicht begeistert bist. Bedenke: *Energy flows where attention goes!* Deine Gedanken, über das was Du nicht an Dir magst, sei es Teile Deiner Persönlichkeit oder etwas an Deinem Körper, werden stärker und Dich zunehmend stören, *wenn* Du sie weiterhin mit der Energie Deiner Aufmerksamkeit *fütterst*.

Was magst Du nicht an Dir, was kannst Du nicht akzeptieren? Sind es wirklich Äußerlichkeiten oder eine Qualität in Dir? Wenn es Qualitäten Deiner Persönlichkeit sind, schaue sie an und verändere Deine Verhaltensmuster, langsam aber sicher. Füttere das alte Verhalten nicht mehr. Sind es bestimmte Körperteile, die Du wahrscheinlich nicht ändern kannst? Wähle anders darüber zu denken und Du wirst merken, mit der Zeit, nimmst Du sie anders wahr.

Bestätige Dir selbst, dass Du eine liebenswerte Persönlichkeit hast und dass Du wunderschön bist, auch wenn es Dir möglicherweise am Anfang komisch vorkommt. Denkst Du nur solche aufbauenden Gedanken, dann wirst Du Dich so betrachten und Dich so fühlen. Dein Selbstwertgefühl wird wachsen und Deiner Schwingung bleibt oben! Jeder wird es sehen und fühlen!

Mir wurde beispielsweise von unterschiedlichen Frauen gesagt, dass mein Gesicht sehr asymmetrisch sei (*„Ich habe noch nie so ein asymmetrisches Gesicht gesehen."*), mein

Hals sei zu dick *(„Du sollst immer einen Schal tragen um Dein Hals zu verdecken.")*, und meine Hände wirken männlich *(Deine Hände sehen wie große Männerhände aus.")*. Zuerst dachte ich noch: *„So ein Quatsch!",* aber mit der Zeit fing ich an diese Körperteile an mir genauer zu betrachten. Je mehr ich *meine* Gedanken auf diese Aussagen richtete, desto kritischer schaute ich hin. Ich begann das zu sehen was die anderen sahen. Gott sei Dank, nur für einen kurzen Moment! Als ich eines Tages vor dem Spiegel stand, hörte ich eine Stimme in mir sagen: *„Jeder ist wunderschön auf seiner Art… so wie er oder sie ist."* Ich hatte den Fehler gemacht, auf andere zu hören. Ich hatte an meiner individuellen Schönheit gezweifelt. Das kann schnell passieren, wenn man nicht aufpasst. Wer definiert was schön ist? *Na DU,* und sicherlich nicht irgendjemand auf irgendwelchen Bildschirmen!

Du kannst schön aussehen, aber Deine wesentliche Schönheit strahlt von innen heraus. Das ist Dein Licht! Je höher die Schwingung Deinen Gedanken ist, desto mehr strahlst Du.

Gute Gedanken = Höhere Schwingung =
Größer strahlendes Licht

Trübe Gedanken = niedrigere Schwingung =
Trüber strahlendes Licht

*****

ÜBUNG: Was ist Schönheit?

1. Überlege für Dich was wahre Schönheit ist. Welche Deiner Gedanken über wahrer Schönheit hast Du in Dein

Programm übernommen? Ist jemand nur schön, wenn er schön aussieht? Lasse Dich nicht so einfach von fremden Informationsquellen beeinflussen, sonst verpasst Du die wundervolle Einzigartigkeit eines jeden Individuums auf der Erde. Nochmal, wer entscheidet was „schön" ist? *Na, Du!* Vielleicht ist es an der Zeit Deiner Gedanken über Schönheit zu überprüfen und zu verändern.

2. Schaue jeden Tag in den Spiegel und sage oder denke: *„ICH BIN schön."* und lächele Dich an. Mag sein, dass diese Übung am Anfang für Dich eine Herausforderung ist. Du wirst aber in kürzester Zeit sehen, dass es einfacher wird. Du wirst Dich als sehr schön empfinden! Mit dieser Botschaft an Dich selbst, wirst Du von innen heraus strahlen. Dein Körper hört Dir zu, jede Zelle hört Dir zu! Hierzu kann ich auch das Buch von *Louise Hay*: *HEILE DEIN LEBEN IN 21 TAGEN,* wärmstens empfehlen.

3. Schwingungs-Tipp: Fokussiere Dich bewusst auf das was Du auch als schön, außerhalb von Dir, empfindest. Fokussiere Dich jeden Tag auf die Schönheit in Deinem Leben, zum Beispiel in der Natur. Indem Du die Energie Deiner Aufmerksamkeit auf Schönheit fokussierst, gleichst Du Deine Schwingung der Schönheit an. Weil Du ein Magnet bist, ziehst Du dadurch automatisch mehr „Schönheit" in Deinen Alltag. Nach und nach, bemerkst Du die Schönheit vieler Dinge in Deinem Alltag. Von der dampfenden Tasse Tee, oder der Narbe auf Deinem Körper, bis hin zur Feder vor Dir auf dem Fußweg.

Ich habe mich einmal an der Hand verbrannt, als ich etwas aus dem Ofen holte, und eine Narbe ist entstanden. Ich ärgerte mich zuerst, aber dann schaute ich diese Narbe an und beschloss, dass sie wie ein schöner Schwan aussah. Durch die Veränderung meiner Gedanken, betrachte ich diese Narbe auch heute noch wie einen schönen Schwan.

*****

Jeder von uns ist einzigartig und darüber können wir jubeln! Jeder wurde so erschaffen, wie er oder sie sein soll. Es gibt niemand anderen auf der Welt, der so ist wie Du. Es gibt niemandem anderen auf der Welt, der der Welt das schenken kann, was Du mitbringst. Ich hoffe, dass Du Dir dies bewusst machst und es Dir gelingt diesen Gedanken in Deinem Herzen zu behalten.

Feiere Deine Einzigartigkeit in jeder Sekunde, die Du hier bist!

Es gibt immer wieder Menschen, die nicht möchten, dass Du Dich *„feierst".* Sei Dir bewusst, dass Menschen die anderen kritisieren selbst unsicher sind. Du bist denen *„zu großartig"* und so versuchen sie, Dich durch Abwertung kleiner zu machen oder Dich zu verändern. Durchschaue sie und habe Mitgefühl, dass sie sich so fühlen. *Fühlst* Du Dich körperlich wohl in deren Gegenwart? Entscheide ob Du weiterhin Kontakt mit solchen Personen haben möchtest.

Nur was Du über Dich selbst denkst und sagst, ist entscheidend für Dein Leben!

„Entgifte Dein Leben und trenne Dich von jedem der Dich belügt, ausnützt, runtermacht oder respektlos behandelt." - Dalai Lama

DEINE VERANTWORTUNG

Achte auf Deine Worte und was Du von Dir gibst. Erinnere Dich: *Worte sind wie Gedanken auf Steroiden!* Eine Person, die andere mit Worten verletzt, ist jemanden, der Selbst im Inneren seines Herzens verletzt ist. Zu verstehen, dass diese Person selbst verletzt ist und in dem Moment nichts anderes als sein *„Verletzt-Sein"* zeigen kann, hilft mit der Situation umzugehen. Das bedeutet nicht, dass Du die verletzenden Worte dulden musst! Mit der Zeit und etwas Übung, lernst Du es die Worte nicht persönlich zu nehmen und kannst Deine Konter zurückhalten, die Deine Energie nur weiter nach unten ziehen würde. Du hältst Dein Ego zurück und handelst, aus Deinem wahren, authentischen Selbst heraus, mit Mitgefühl. Mit diesem zurückhaltenden Verhalten, zeigst Du, dass Du nicht mitspielst und somit den anderen in seiner oder ihrer niedrigen Schwingung allein lässt. Solltest Du wählen zu antworten, bleib ruhig, wähle Deine Worte weise, dadurch bleibst Du stabil in Deiner hohen Schwingung.

Auch wenn Du Dich bemühst, kann es vorkommen, dass verletzende Worte von Dir selbst *„heraussprudeln"*. Etwas wurde in Deinem Ego-Programm ausgelöst, getriggert. Sich von Herzen zu entschuldigen, hilft meistens.

Manchmal kommst Du nicht darum herum etwas zu sagen um zum Beispiel eine Grenze zu ziehen. Ich habe mich gefragt, wie ich mich ausdrücken kann, ohne dabei die Gefühle des Gegenübers zu verletzen. Oft habe ich nichts gesagt, was jedoch zunehmend Wut auf mich selbst, aber auch den gegenüber auslöste. Ich erkannte, dass ich meine

Programmierung ändern musste und sagte mir fortan: *„Ich darf Grenzen ziehen um mich zu schützen, auch wenn ich damit möglicherweise andere verletzte."* In dem ich nichts sagte, verletzte ich mich selbst immer wieder. Warte nicht zu lange um Grenzen zu ziehen und wiederhole Dich, wenn nötig. Wenn es schon weh tut, sind die Grenzen schon überschritten! Sei Dir bewusst, dass Dies ein Akt der Selbstliebe ist.

Wir sind weder für die Gefühle, noch für die Reaktionen anderer verantwortlich!

Wie jemand reagiert ist abhängig von seinem Ego-Programm. Wir alle haben unterschiedliche Programme unbewusst zugelassen. *Spüre sie auf!*

*****

ÜBUNG: Glaubenssätze im Ego-Programm bewusst machen

1. Schaue Dir unterschiedliche „Konfrontationen" in Deinem Leben an und wie Du darauf reagiert hast. Gehst Du ab wie eine Rakete, wenn irgendjemanden eine persönliche Bemerkung macht? Was wurde in Dir ausgelöst?
2. Welche Glaubenssätze in Deinem Ego-Programm beeinflussen wie Du denkst, sprichst und wie Du Dich verhältst?
3. Gibt es Glaubenssätze in Deinem Programm, die Du verändern oder loslassen möchtest?

*****

Jetzt schauen wir Deine Antworten aus *Kapitel 6 - Welche Glaubenssätze Hast Du?* an. Es ist hilfreich, wenn Du die Übung bereits erledigt hast.

DEIN PROGRAMM AKTIV VERÄNDERN

Bis jetzt hörte sich hoffentlich alles interessant oder sogar spannend an. An dieser Stelle möchte ich Dir sagen, dass es eine lebenswichtige Entscheidung ist, ab jetzt die Verantwortung für Deine Gedanken und Schwingung zu übernehmen. Seitdem ich mir dieses Wissen erlangt habe, konnte ich mein Leben besser verstehen und habe positive Veränderungen vorgenommen, die meine Schwingung erhöht und mich zu einem glücklicheren Menschen gemacht hat. Ich würde mich riesig freuen, wenn ich Dich mit diesem Buch auch dazu inspirieren kann.

Es ist Deine Show, Dein Leben! Du kannst es Deinem Ego und Deiner Programmierung, wie bisher ungestört überlassen oder nach und nach auf Deine Gedanken, Glaubenssätzen und Worte achten, zunehmend die Regie übernehmen und die gewünschten Veränderungen erreichen. Wenn Du einmal begonnen hast, bist Du nicht mehr aufzuhalten!

Ich rate Dir, Dir diese Fragen vorab zu stellen:

- *„Bin ich wirklich bereit, langsam aber sicher, Veränderungen in meinem Programm vorzunehmen?"*
- *„Möchte ich Veränderungen aktiv in meinem Leben vornehmen?"*
- *„Bin ICH bereit Regie zu führen, statt, wie bisher, meinem Ego die Regie automatisch zu überlassen?"*

Wenn Du alle Fragen mit *„JA!"* beatwortet hast, bekräftige Deine Absicht mit dem Satz: *„ICH BIN bereit mein Leben zu verbessern indem ich bewusste Veränderungen in meinen*

Gedanken, Glaubenssätzen und Worte vornehme. Es ist meine Absicht dies zu tun!"

Erscheint Dir diese Aussage übertrieben? Deine klare Absicht auszudrücken, stärkt Dich und die Dinge die Du Dir vornimmst. Das Universum hört Dir zu und unterstützt Dich dabei.

Hörst Du, spätestens jetzt die Alarmglocken Deines Egos? Ding Ding Ding!!!
Du möchtest das Buch hinlegen und Deine innere „Schweinehund-Stimme" schlägt Dir gelassen vor: *„Verschieb es auf morgen oder lass es besser ganz bleiben."* Eine andere Ego-Stimme flüstert: *„Warum machst Du Dir die Mühe überhaupt etwas zu verändern? Alles ist gut, Du hast sonst genug anderes zu tun."* Bitte erinnere Dich: *Dein Ego mag keine Veränderungen!* Du wirst merken wie es sich mit aller Kraft gegen die Veränderung wehrt! Aber, DU führst Regie!

Betrachte es einfach als ein Spiel. Es ist ein Spiel, dass Dir sicherlich gefällt!

Ich möchte Dir nun ein paar Regeln und Beispiele mit auf den Weg geben, wie Du Deine Glaubenssätze verändern kannst.

Es sind einige Dinge zu beachten, wenn Du Deine Glaubenssätze hinterfragen möchtest:
1. Finde heraus was DU glaubst (oder glauben möchtest).
2. Werde Dir der Glaubenssätze bewusst, die Du von anderen übernommen hast: *„Mein Vater/Mutter hat mir mal _____ gesagt, aber ich stelle fest, dass das für mich nicht wahr ist."*
3. Hinterfrage die Glaubenssätze, ohne sie zu bewerten.

4. Achte zukünftig darauf was andere Personen (Familie, Freunde, Autoritätspersonen u. a.) sagen und glauben und was Du wiederum davon *bewusst oder unbewusst* übernimmst oder bereits übernommen hast.
5. Überprüfe ob die Glaubenssätze für Dich noch zutreffen.

Hier ein paar Tipps bevor Du Deine Glaubenssätze anschaust und aktiv wirst:

1. Das Allerwichtigste ist wie Du Dich *wirklich fühlst,* wenn Du jeden einzelnen Deiner Glaubenssätze liest. Wünschenswert sind hochschwingenden Gedanken und Glaubenssätze „im Programm" gespeichert zu haben. Wenn Du Dich glücklich fühlst, schwingst Du höher und das ist das Ziel. Erinnere Dich, Du kannst das glauben was Du möchtest.
2. Sei Dir bewusst: Wenn Deine *wiederholenden* Gedanken zu Glaubenssätzen geworden sind, dann hast Du Deine Energie schon hinein investiert. Du hast diesen Glaubenssätzen Kraft gegeben und sie wirken, meist unbewusst, in Deinem Leben.
3. Hinterfrage kritisch Glaubenssätze, die Du als wahr empfindest. Du bist frei zu denken was Du willst. Du kannst genauso gut etwas anderes denken und es zu Deiner Realität machen. Wähle weise, hochschwingende Gedanken erzeugen hochschwingende Glaubenssätze, die Dich glücklich und noch glücklicher schwingen lassen. Unterschätze nie die Auswirkung Deiner Gedanken und Glaubenssätze auf Dein Leben.
4. Um Deine Energie von unerwünschten Glaubenssätzen zu entziehen oder in eine andere Richtung zu lenken, hast Du

jederzeit die Möglichkeit, sie zu löschen, zu verändern oder zu ersetzen. Wie bei den Gedanken, sind es nur Glaubenssätze, Überzeugungen, die Du durch Deine wiederholenden Gedanken, oft von anderen übernommen und eingespeichert hast. In Stein gemeißelt sind sich nicht!

5. Die kraftvollsten Worte, die Du die sagen oder denken kannst sind: *„ICH BIN"* und die Worte die darauffolgen. Sie sind, sozusagen, *Premium Steroide!* Du definierst dadurch, wer und wie Du bist. Sei achtsam! Welche Sätze, die mit *ICH BIN"* anfangen, verwendest Du? Lassen Dich Deine Gedanken und Glaubensätze glücklich schwingen?

Wenn eine Person beispielsweise denkt: *„ICH BIN so ein Idiot."*, dann gibt sie diesen Worten Kraft. Öfters gedacht oder gesagt, werden sie im Programm gespeichert. Diese Aussage schadet dem Selbstbewusstsein und früher oder später, benehmen sie sich öfters wie ein Idiot. Sie haben sich unbewusst auf das „Idiot-Programm" eingestellt. Das gleiche passiert, wenn man häufiger von jemand anderem hört: *„DU BIST ein Idiot."* und daran glaubt.

Du wirst staunen, was Du mit der Zeit, in Deinem Leben neu erschaffen kannst, indem Du Deine Gedanken veränderst!

Der Spruch: *„Ich glaube es, wenn ich es sehe."* ist ein Trugschluss! Es ist andersherum....

„Ich sehe es, wenn ich es glaube."

Glauben = Wenn ich so denke, wird es so sein

DIE RICHTIGE FORMULIERUNG FÜR DEINE GLAUBENSSÄTZE:

1. Deine Glaubenssätze müssen zu Dir passen.
2. Sie müssen positiv formuliert sein.
3. Vermeide Füllwörter wie *eigentlich, vielleicht*.
4. Vermeide Verneinung wie *nie, nicht*.
5. Wähle die Gegenwart statt die Zukunftsform. *„Ich bin…"*, statt *„Ich werde…"*, sonst bleibst Du immer im Werden, nicht im Sein.
6. Die Veränderungen Deiner Glaubenssätze musst Du *wirklich glauben* können. (Vielleicht nicht ab der ersten Sekunde, aber kurz danach. Wenn Du Dir vorstellen kannst, ihn „bald" glauben zu können, behalte ihn.)

Nimm Deine aufgeschriebenen Glaubenssätze aus *Kapitel 6 - Welche Glaubenssätze hast Du?* hervor. Wir fangen langsam, ganz gemütlich und gezielt mit den gewünschten Veränderungen an. Du wirst staunen wie schnell es Dir gelingt!

*****

ÜBUNG: Deine Glaubenssätze bewerten

Lese jeden Deiner Glaubenssätze laut vor und *spüre* wie Du Dich *wirklich fühlst. „Fühle ich mich bei diesem Glaubenssatz glücklich?"*

Mache einen kurzen Vermerk in Form eines der drei folgenden Smileys:

☺ Ja!   ☺ Ich bin mir unsicher   ☹ Nein!

Entspanne Dich und erlaube Dir Zeit, jeden Glaubenssatz, wirklich zu *fühlen*.

*****

Jetzt haben alle Deine Glaubenssätze „ein Gesicht bekommen". Die Glaubenssätze mit dem ☺ Gesicht lässt Du erstmals stehen. Sie lassen Dich hoffentlich glücklich schwingen. Später kannst Du Dir überlegen, ob sie Dich, mit einer kleinen Veränderung, noch glücklicher schwingen lassen könnten.

Wir schauen auf die Glaubenssätze mit den ☺ (unsicher) und ☹ (Nein!) Gesichtern. Wenn es Dir gelingt diese Glaubenssätze in Deinem Programm positiv zu verändern, wirst Du höher schwingen.

Sämtliche hilfreichen Bespiele kommen nach und nach!

Nehmen wir als Beispiel folgenden Glaubenssatz, den Du über Dich selbst haben kannst: *„Ich bin mit mir zufrieden".*

Wenn dieser Glaubenssatz ein Gefühl von Frieden in Dir auslöst, hast Du wahrscheinlich ein ☺ Gesicht gemalt. Wenn nicht, dann würde jetzt die Steigerung: *„Ich bin von mir selbst begeistert!"* einer höherer Schwingungswortwahl anbieten. Je häufiger Du diese Formulierung denkst, oder aussprichst, desto mehr Kraft und Momentum nimmt dieser Glaubenssatz an. Er wird mit der Zeit und durch Deine Wiederholungen wahr für Dich. Du speicherst ihn in Deinem Programm als Deine Wahrheit. Deine Empfindung wird tatsächlich zu einer „neuen" Begeisterung für Dich selbst führen. Du wirst es fühlen. Deine erhöhte Schwingung hat eine sehr positive Auswirkung auf Dein Leben. Du tust so, also glaubst Du es auch. Das Verändern Deiner Gedanken, bringt Dich auf die gewünschte Schwingungsebene der Begeisterung. Lass Dich von Deinen Ego-Stimmen nicht vom Kurs abbringen. Sei nicht überraschst, wenn Du mit der Zeit Menschen, die von Dir begeistert sind, anziehst.

Es kann auch sein, dass es Menschen gibt, die diese Veränderungen in Dir sehen und spüren, aber nicht möchten, dass Du von Dir selbst begeistert bist. Es kann sein, dass sie versuchen Dich herunter zu ziehen. Bleibe beharrlich, da die Menschen, die nicht mehr mit Deiner Schwingung „mitschwingen", automatisch mit der Zeit „verschwinden" werden. Du „musst" niemandem sagen, dass Du von Dir selbst begeistert bist, *Du denkst es einfach!* Du wiederholst Deinen neuen Glaubenssatz, übst so zu denken und bestätigst es oft im Laufe des Tages. So gewinnt es an Kraft. Du kannst von Dir selbst denken was Du möchtest! Erlaube Dir nur Gutes und verändere was Du nicht magst.

Vergiss dabei nicht, dass alle Stimmen in Dir zuhören. Dein Ego sagt:
„Wie kannst Du von Dir selbst begeistert sein? Du kannst das nicht. Du bist das nicht. Denke weiterhin wie vorher. Du erinnerst Dich sicherlich an das was Deine Mutter, Dein Vater, Dein Lehrer und Deine Freunde Dir gesagt haben. Bleib lieber beim Alten, Du willst sicherlich keiner Enttäuschung erleben."

Rote Warnlichter blinken! Aufwachen!!! Lass Dich nicht von Deinem Ego einschüchtern! Regie übernehmen, Regie übernehmen, Regie übernehmen!

Wie gesagt, Dein neuer Glaubenssatz muss in Deiner Vorstellung, für Dich glaubwürdig sein. Von heute auf morgen den Glaubenssatz: *„Ich bin von mir selbst begeistert!"* zu glauben ist vielleicht zuerst schwierig, aber Du wirst sehen, dass Du ihn mehr und mehr für Dich annehmen kannst, indem Du Zwischenschritte nutzt. Starte zum Beispiel mit: *„Ich schätze mich jeden Tag mehr und mehr"*, und Du wirst sehen, dass es Dich in Bewegung bringt und zwar aufwärts!

Dein Ziel ist immer Deine Schwingung zu erhöhen!

Folgende Beispiele zeigen wie Du niedrigschwingende in höherschwingende Glaubenssätze umformulieren kannst. Jede Situation kannst Du so verbessern!

Aktueller Glaubenssatz über...	>	**Neuer Glaubenssatz**
... meine Persönlichkeit		
Ich bin sehr ungeduldig.	>	*Jeden Tag werde ich geduldiger. Ich bin bei allem vollkommen geduldig und entspannt.*
Ich mag mich nicht besonders	>	*Jeden Tag fühle ich mich wohler in meiner Haut. Jeden Tag schätze ich mich mehr. Ich bin von mir selbst begeistert!* ☺

… meinen Körper

Ich mag meinen
Körper nicht. Ich bin
zu dick.

> *Ich liebe und vertraue meinen Körper.*
> *Meinen Körper ist schön und ich fühle*
> *mich wohl darin.*
> *Ich liebe mich genauso wie ich bin!*

… meine Intelligenz

Ich bin nicht so gut in
der Schule.

> *Neues zu lernen fällt mir täglich*
> *leichter.*
> *Ich lerne mit Leichtigkeit.*
> *Ich bin ein guter Schüler!*

… meine Kleidung

Egal was ich anziehe,
ich finde nie, dass ich
gut aussehe.

> *Ich fühle mich sehr schön und trage*
> *immer Kleidung, die mir stehen.*
>
> *Meine Kleidung trage ich mit großer*
> *Freude!*

… meine Mutter

Meine Mutter hört mir
nie zu.

> *Meine Mutter hört mir immer zu.*
> *Meine Mutter und ich hören einander*
> *zu und wir verstehen uns.*

… meinen Vater

Mein Vater hat keine Zeit für mich.

> *Mein Vater nimmt sich Zeit für mich.*
> *Ich bin ihm wichtig.*
> *Mein Vater und ich verbringen gerne Zeit miteinander.*

… meine Schwester

Meine Schwester nervt mich immer.

> *Meine Schwester und ich verstehen uns gut.*
> *Wir verbringen gerne Zeit mit einander.*

… meinen Bruder

Ich bin meinem Bruder egal.

> *Mein Bruder und ich sind einander wichtig.*
> *Mein Bruder und ich verbringen gerne Zeit zusammen.*

… meine Großeltern

Meine Großeltern interessieren sich nicht für mich.

> *Ich zeige Interesse für meine Großeltern und sie für mich.*
> *Meine Großeltern und ich verbringen gerne Zeit miteinander.*

… mein Familienleben

Mein Familienleben ist hektisch. Wir haben keine Zeit für einander.

> *Mit meiner Familie ist es schön entspannt. Wir nehmen Zeit für einander*

… mein Zuhause

Zuhause fühle ich mich nicht wohl.

> *Jeden Tag fühle ich mich Zuhause wohler.*
> *Ich fühle mich richtig wohl Zuhause.*

… meine Wohngegend

Ich mag meine Wohngegend nicht.

> *Meine Wohngegend ist schöner als ich dachte.*
> *Ich wohne gern in meiner Wohngegend.*

… mein Leben

Mein Leben ist nicht wie ich es haben will.

> *Täglich erschaffe ich positive Veränderungen in meinem Leben.*
> *Mein Leben macht mir richtig Spaß!*

… meine Zukunft

Ich bin ganz schön
verunsichert was
meine Zukunft angeht.

> *Ich bin zuversichtlich was meine
> Zukunft angeht.*
> *Ich sehe mit freudiger Erwartung in die
> Zukunft.*

… meine Freunde

Meine Freunde
schätzen und
akzeptieren mich
nicht.

> *Ich schätze und akzeptiere mich selbst,
> wie ich bin.*
> *Meine Freunde schätzen und
> akzeptieren mich, wie ich bin.*

… meine Partnerin/ meinen Partner

Meine Partnerin/ mein
Partner könnte mir
mehr Liebe zeigen

> *Ich bin sehr liebenswert*
> *Meine Partnerin/ mein Partner ist sehr
> liebenswert*

… meine Kinder

Ich liebe meine
Kinder, aber
manchmal sind sie mir
zu viel.

> *Ich liebe meine Kinder, bleibe gelassen
> und schaffe alles.*
> *Ich bin dankbar für meine Kinder. Sie
> bringen mir viel Freude.*

… mein Haustier

Mein Haustier, _____, macht viel Arbeit.	>	*Ich versorge _____ mit Leichtigkeit und Freude.* *Mit _____, macht es viel Spaß.*

… meine Freizeitaktivitäten

_____ hat mir mal Spaß gemacht, aber jetzt nicht mehr.	>	*Ich tue immer etwas in meiner Freizeit, was ich genieße.* *_____ macht mir richtig Spaß.*

… meine Nachbarn

Meine Nachbarn nehmen keine Rücksicht auf Andere.	>	*Meine Nachbarn und ich unterhalten uns friedlich.* *Meine Nachbarn sind rücksichtsvolle Menschen.*

"When you change the way you look at things,
the things you look at change!!!"
Wayne Dyer

Sei Dir bewusst, positive und negative Energien sind beides Energie. Du bestärkst immer die Person oder Situation auf die Du Dich fokussierst.

Egal welche Art von Energie, Du bestärkst sie, sei es Gewalt, Krankheit, Menschen in Machtpositionen, Umweltkatastrophen oder menschliche Schicksalsschläge.

Du schickst jeder Person Deine Bewertung. Auch wenn nur unbewusst, fühlt sie die Energie, die Du „hinschickst", in ihrem Energiefeld. Wähle die guten Qualitäten, damit die Energie für die Person wohlwollend ist, so kommt wohlwollende Energie zurück. Welche Energie verschickst Du? Auch ein Gedanke wie: *„Sein Hemd hat eine schöne Farbe und steht ihn gut."*, schickt eine erhöhte Schwingung. Wenn Du eine Person triffst, versuche etwas zu finden, dass sie in Deinen Augen sympathischer macht. *Fühle und verschicke Sympathie.* Es dauert bis die Energie Deines Gegenübers Dir gegenüber positiver, höherschwingend wird. Du wirst aber eine Veränderung feststellen. Bleibe bei der Übung, höherschwingende Gedanken an andere Personen zu schicken.

Aktueller Glaubenssatz über…	>	Neuer Glaubenssatz
… meine Schule oder Arbeit		
Die Schule/ Arbeit halte ich nicht mehr aus.	>	*Meine Schule/Arbeit ist jeden Tag angenehmer.* *In der Schule/bei der Arbeit zu sein, macht mir täglich mehr Spaß.*

… meinen Lehrer

Mein Lehrer mag mich nicht.	>	*Mein Lehrer tut sein Bestes, ich schätze seine Mühe.* *Ich mag meinen Lehrer.*

… meinen Chef

Mein Chef schätzt mich nicht als Mitarbeiter	>	*Ich gebe immer mein Bestes bei der Arbeit und schenke mir selbst Anerkennung* *Mein Chef schätzt mich als Mitarbeiter sehr.*

… meine Kollegen

Nur ein paar Kollegen sind nett und interessant.	>	*Alle meine Kollegen sind nett und interessant. Täglich verbessert sich unsere Arbeitsklima*

… meine Finanzen

Egal wie viel ich arbeite, das Geld reicht nie aus.	>	*Ich liebe meine Arbeit. Ich liebe mein Geld und ich lebe in Fülle.* *Ich bin mit allem was ich brauche versorgt.*

… Geld (im Allgemeinen)

Menschen, die viel
Geld haben, sind oft
korrupt.

> *Das Geld fließt mir einfach zu.*
> *Ich freue mich für die Menschen, die*
> *Geld haben.*
> *Ich liebe Geld.*

… Menschen (im Allgemeinen)

Es gibt wenige
vertrauenswürdige
Menschen.

> *Gute, vertrauenswürdige Menschen*
> *begegnen mir jeden Tag.*
> *Ich begegne nur vertrauenswürdigen*
> *Menschen.*

… die Welt (im Allgemeinen)

Ich fühle mich
unsicher in der Welt.

> *Die Welt ist ein sicherer Ort.*
> *Ich fühle mich wohl auf der Welt und*
> *erlebe wunderschöne Dinge.*

… die Natur

Ich habe keine Zeit in
der Natur zu sein.

> *Ich freue mich in der Natur zu sein.*
> *In der Natur zu sein, ist eine Priorität*
> *für mich.*

Ich bin verunsichert,	>	*Ich bin zuversichtlich, was die Zukunft*
wie das Leben auf der		*auf der Erde betrifft.*
Erde in der Zukunft		*Alle Herausforderungen meistern wir*
sein wird.		*gemeinsam.*

*****

Wenn Du möchtest, nimm Dir die Zeit alle oder einige Deiner Glaubensätze zu verändern.

So kannst Du bei Deinen Glaubenssätzen vorgehen:
1. Lesen Deinen „alten" Glaubenssatz laut vor. Wie fühlst Du Dich?
2. Schreibe einen Glaubenssatz auf, mit dem Du Dich besser fühlst.
3. Wenn Du spürst, dass der neue Glaubenssatz passt, ist das super!
4. Lese Deinen „alten" Glaubenssatz laut vor:
   a. Sage laut: *„Ich entsage diesem alten Glaubenssatz. STREICHEN, KLÄREN, LÖSCHEN, STREICHEN, KLÄREN, ENTFERNEN!"*
   (Auf Englisch, wenn es Dir lieber ist:)
   "CANCEL, CLEAR, DELETE CANCEL, CLEAR, RELEASE! "
   b. Sage: *„Ich ersetze ihn mit:*
   _____."
   c. Lese Deinen neuen, höherschwingenden Glaubenssatz mehrmals laut vor.

162

d. Sage dann: *„SO SEI ES!"* Hiermit bestätigst Du Deinen Wunsch, den neuen Glaubenssatz in Dein Programm zu übernehmen. Du führst Regie!

e. Deinen neuen Glaubenssatz kannst Du täglich oder gelegentlich wiederholen, je nach Gefühl.

Aufgepasst!

Dein Ego wird Dich „ermutigen" die alten Glaubenssätze beizubehalten. Es fühlt sich sicherer, wenn alles beim Alten bleibt. Du aber hast Regie übernommen und möchtest Veränderungen.

Wenn Du merkst, dass Du den alten Glaubenssatz denkst, sage sofort:

„STREICHEN, KLÄREN, LÖSCHEN
STREICHEN, KLÄREN, ENTFERNEN". Oder
„CANCEL, CLEAR, DELETE
CANCEL, CLEAR, RELEASE."

Danach spreche Deinen neuen Glaubenssatz erneut laut aus.

TIPP 1: BEI GEDANKEN

Die sechs Worte: *„STREICHEN, KLÄREN, LÖSCHEN/ STREICHEN, KLÄREN, ENTFERNEN"* kannst Du sagen oder denken, wenn Du merkst, dass Du einen Gedanken gehabt hast, den Du lieber nicht haben möchtest. Am Anfang wirst Du diese sechs Worte häufig aussprechen. Mit der Zeit wirst Du aufmerksamer.

TIPP 2: BEI AUSGESPROCHENEM

Die sechs Worte: *„STREICHEN, KLÄREN, LÖSCHEN/ STREICHEN, KLÄREN, ENTFERNEN"* kannst Du entweder sagen oder denken, wenn Du etwas bereits ausgesprochen hast, was Du lieber nicht gesagt hättest. Falls Du mit anderen zusammen bist, kannst Du die sechs Worte einfach denken.

TIPP 3: BEI ABFÄLLIGEN BEMERKUNGEN VON ANDEREN DIR GEGENÜBER

Wenn jemanden Dir beispielsweise sagt: *„DU bist ein Idiot."*, denke: *„STREICHEN, KLÄREN, LÖSCHEN/ STREICHEN, KLÄREN, ENTFERNEN".* Hiermit deutest Du Deinem Programm an, diesen Glaubenssatz nicht anzunehmen. Denke sofort etwas Nettes über Dich, z.B. *„Ich bin von mir selbst begeistert!"* Das hilft Dir Deine Schwingung und Meinung über Dich hoch zu halten.

Um die Arbeit mit der Glaubenssatzveränderung zu intensivieren, kannst Du Affirmationen benutzen. Was das ist, erkläre ich Dir jetzt.

DIE KRAFT DER AFFIRMATIONEN

Christina Lopes (Life Coach, Spiritual Teacher, author, former neuropediatric clinician) hat mir mit einem Ihrer YouTube Videos, sehr dabei geholfen die Arbeit mit Affirmationen besser zu verstehen.

WAS SIND AFFIRMATIONEN?

Affirmationen sind kraftvolle Aussagen, die unser Gehirn und die Energie in unserem Fünf Körper System positiv umleitet, ausrichtet, und neu vernetzt.

Wir wissen inzwischen, dass unser Ego oft dazu neigt uns in eine niedrige Schwingung hinunterzuziehen und dort versucht zu halten. Affirmationen unterstützen uns dabei unsere Gedanken und die Schwingung unserer Energie aufwärts zu lenken und auf eine höhere Schwingung zu bewegen.

Erinnere Dich, jedes Wort und jeder Gedanke hat seiner eigenen Schwingung.

WIE FUNKTIONIEREN AFFIRMATIONEN?

Deine Affirmationen benötigen eine regelmäßige Wiederholung. Mit Wiederholung sammeln sie Momentum. Je häufiger Du sie wiederholst, desto kraftvoller werden sie. Dieses Momentum verändert negative Energie in Deinem Körper. Du brauchst Dich für nur 17 Sekunden auf etwas zu fokussieren und das Momentum fängt an sich zu sammeln.

WIE VERWENDET MAN AFFIRMATIONEN?

1. WÄHLE EIN THEMA

Welche *Energien* möchtest Du zu Dir rufen? Selbstliebe, Fülle, gesunde Beziehungen, oder eine freudvolle Arbeit?

Zuerst nur ein paar Themen Beispiele, damit Du ein Gefühl für Affirmationen bekommst. Es kommen weitere Themen Beispiele im nächsten Kapitel.

THEMA: SELBSTLIEBE

- *Ich rufe Selbstliebe.*
- *Ich bin Selbstliebe.*
- *Ich bin wertvoll.*
- *Das Universum liebt mich bedingungslos.*

THEMA: FÜLLE IN ALLEN BEREICHEN
(Beziehungen, Gesundheit, Arbeit, Geld und materiellen Dinge.)

- *Ich rufe die positive Fülle in allen Bereichen meines Lebens zu mir.*
- *Ich bin die positive Fülle.*
- *Jeden Tag, sehe ich und fühle die positive Fülle in meinem Leben.*
- *Ich bin dankbar für die positive Fülle in meinem Leben.*

THEMA: ROMANTISCHE BEZIEHUNG

- *Ich rufe einen liebevollen Partner/ eine liebevolle Partnerin zu mir.*
- *Ich fühle und ich bin dankbar für die Liebe um mich.*
- *Ich bin Liebe.*
- *Ich bin ein liebevoller Partner/ eine liebevolle Partnerin.*

2. SCHREIBE DEINE AFFIRMATIONEN AUF
Wähle Affirmationen nach Deinem Gefühl. Du möchtest positiven Veränderungen herbeifühlen, also müssen sie eine hohe Schwingung haben. *Wie fühlst Du Dich, wenn Du sie aussprichst?*

Du kannst auch Affirmationen von anderen übernehmen, aber verändere sie damit sie genau zu Dir passen. Fange mit einem Thema und vier bis sechs Affirmationen an. Weniger ist oftmals mehr! Zu viele Affirmationen machen keine Freude und überstrapazieren Dein Unterbewusstsein!

a. Benutze kraftvolle Worte und Sätze:
SCHWACH: *„Ich finde mich ganz OK."* KRAFTVOLL: *„Ich bin wertvoll und bedingungslos geliebt."*
b. Fokussiere auf das Ergebnis, das Du möchtest:
SCHWACH: *„Ich versuche bei neuen Herausforderungen weniger ängstlich zu sein."* Schenk dem Wort „Angst", und allem was Du nicht möchtest, keine Energie.
KRAFTVOLL: *„Ich bin mutig bei jeder Herausforderung."*
Dein gewünschte Endergebnis lautet mutig sein.
c. Affirmationen sollen kurz und kraftvoll sein, Konzentrierte Energie
d. Wiederhole sie kraftvoll und mit Absicht und nicht wie ein Roboter, der die Affirmationen lediglich abliest

3. WERDE RUHIG, DENN IN DER RUHE LIEGT DEINER KRAFT
   a. Setz Dich an einen ruhigen Ort, leg Deine Hand auf Dein Herz und atme entspannt ein und aus.
   b. Konzentriere Dich auf Deinen Atem. Einatmen, ausatmen, einatmen, ausatmen... Lass Deine Gedanken wie Wolken sanft an Dir vorbeigleiten, ohne ihnen Deine Aufmerksamkeit zu schenken.
   c. Wenn Du die Ruhe Deiner Kraft *fühlst* und Du klar und konzentriert bist, dann beginne mit Deinen Affirmationen.

4. AFFIRMIEREN – SPRECHE DIE AFFIRMATIONEN AUS
   a. Spreche Deine Affirmationen laut, langsam, mit emotionaler Kraft und Absicht aus.
   b. Atme nach jeder Affirmation tief ein und aus.
   c. *Fühle* die Energie jeder Affirmation in Deinem Körper, bis in jede Zelle. (Das hilft dabei Deine Zellen zu programmieren. Du wirst die Energie tatsächlich *fühlen*. Bei mir „kribbelt" es).
   d. Wiederholde jede Affirmation mindestens zehn Mal, mit einem Atemzug Pause dazwischen
   e. Nimm Dir täglich ca. 15 Minuten für Deine Affirmations-Routine. Du kannst einen Wecker stellen.

TIPP: Stelle Dir vor, fühle in Dir, dass jede Affirmation jetzt schon wahr ist. Sehe und fühle das Endergebnis JETZT vor Deinen Augen!

Finde etwas, dass Dir beim Zählen hilft. Deine Aufmerksamkeit sollte nur auf Deine Affirmationen gerichtet sein. Betrachte die

Affirmationen als neue Straßen und Wege. Wenn wir zum ersten Mal eine neue Straße befahren, benötigen wir mehrere Male, bevor der Weg zur Gewohnheit wird. So ist es auch mit Affirmationen. Wenn die ersten positiven Einstellungen in Deinem Leben sichtbar werden, ist es wichtig diese Affirmation beizubehalten, damit das Momentum weiter für Dich arbeitet.

Erstens, somit überforderst Du Dein Unterbewusstsein nicht und verhinderst, dass es streikt. Zweitens, benötigt jede neue Affirmation Deine ganze Aufmerksamkeit um sich festigen zu können. Drittens, die meisten „negativen Strukturen" in Deinen Gedanken und Glaubenssätzen sind miteinander verbunden. Wenn sich ein Gedanke verändert, verändern sich automatisch die anderen. Der ganze Prozess arbeitet für Dich!

Echte und dauerhafte Veränderungen brauchen Zeit, Geduld und Deine volle Aufmerksamkeit. Du wirst sehen, es lohnt sich!

Sei nicht überrascht, wenn verstärkte Gefühle wie Wut, Ärger oder Trauer aufkommen. Freue Dich, denn nur so kannst Du sie fühlen und loslassen. Sie sind also ein positives Zeichen, dass Bewegung im Unterbewusstsein ist.

Wenn Du Veränderungen mit Affirmationen bewirken möchtest, wirst Du Deine Routine erfolgreich finden. Betrachte sie nicht als Arbeit, sondern als Abenteuer. (Merke, wie die Veränderung der Wortwahl von „Arbeit" auf „Abenteuer" Deine Einstellung dazu verändert.)

Bevor ich mit meinen täglichen Affirmationen beginne, versuche ich eine hohe und freudvolle Schwingung zu erlangen. Ich denke an etwas das in mir ein Gefühl von Freude erzeugt! *Ich fühle Freude!* Nach meiner Affirmationen-Routine, lobe ich mich dafür. Ich habe mir die Zeit genommen, positive Veränderungen in meinem Leben selbst zu erschaffen!

Zahlreiche Affirmationen Vorschläge kommen jetzt…

THEMEN UND AFFIRMATIONEN

Hier sind zahlreiche Beispiele die Dich unterstützen können. Fühle Dich jedoch nicht unter Druck gesetzt alle zu nutzen. Ein paar werden Dir zusagen. Vielen Affirmationen fangen mit den kraftvollen Worten: *„ICH BIN"* an. Mache einer kleinen Notiz bei denen, die für Dich interessant sind. *Fühle* einfach in sie hinein.

Wenn Du etwas rufst, aktivierst Du es in Deinem Leben. Beim ersten Beispiel, rufst die Schwingung der Selbstliebe zu Dir.

SELBSTLIEBE
- *Ich rufe die Selbstliebe zu mir.*
- *Ich liebe und akzeptiere mich bedingungslos.*
- *Ich bin ein wundervoller Mensch.*
- *Ich bin stolz auf das was ich geschafft habe.*
- *Ich ehre meine Gefühle und Bedürfnisse.*
- *Ich bin authentisch.*
- *Ich bin einmalig.*
- *Ich bin kraftvoll.*
- *Ich bin von mir selbst begeistert.*
- *Ich bin Selbstliebe.*

GESUNDE BEZIEHUNGEN
- *Ich rufe gesunde Beziehungen zu mir.*
- *Ich bin es wert, geliebt zu sein.*
- *Ich bin bereit für und habe schon glückliche, gesunde Beziehungen.*
- *Ich ziehe nur positive Menschen im Leben an.*

- *Ich weiß, dass alle Beziehungen mit anderen, mit einer guten Beziehung zu mir selbst beginnen.*
- *Ich bin dankbar für die Liebe in meinem Leben.*

SELBSTBEWUSSTSEIN
- *Ich rufe ein starkes Selbstbewusstsein zu mir.*
- *Ich liebe und akzeptiere mich.*
- *Jeden Tag bin ich eine bessere Version meiner Selbst.*
- *Ich glaube fest an mich und meine Fähigkeiten.*
- *Ich bin immer genug.*
- *Ich verdiene das Beste.*
- *Ich bin starkes Selbstbewusstsein.*

DANKBARKEIT
- *Ich rufe die Dankbarkeit in mein Leben.*
  - *Ich bin dankbar für alles.*
- *Meine Gebete werden immer gehört und beantwortet.*
- *Mein Leben ist wundervoll.*
- *Ich bin dankbar für meinen gesunden Körper.*
- *Alles läuft besser und besser.*
- *Alles was für mich gut ist, fällt mir mit Leichtigkeit zu.*
- *Ich bin dankbar für mein Leben, wie es jetzt ist.*
- *Ich bin Dankbarkeit.*

ERFOLG
- *Ich rufe Erfolg in mein Leben.*
- *Ich schaffe alles was ich möchte.*
- *Ich bin selbstbewusst und erreiche meine Ziele.*

- *Ich bin es wert meine Träume zu folgen und sie zu verwirklichen.*
- *Ich glaube an mich selbst.*
- *Alle Herausforderungen meistere ich.*
- *Ich bin hochmotiviert meine Ziele zu erreichen.*
- *Meine Möglichkeiten sind grenzenlos.*
- *Ich bin Erfolg.*

STARKES VERTRAUEN

- *Ich rufe starkes Vertrauen zu mir.*
- *Alles geschieht besser als ich denke.*
- *Ich lasse alles los und gebe es an das Universum ab.*
- *Ich bin mir sicher, dass alles immer zu meinem höchsten Wohl geschieht.*
- *Das Beste fließt mir immer zu.*
- *Positive Veränderungen geschehen in meinem Leben.*
- *Ich lebe mit freudigen Erwartungen.*
- *Ich bin starkes Vertrauen.*

IN MEINER MACHT STEHEN – MEINE POWER

- *Ich rufe meine Macht zu mir.*
- *Ich bin stark und stehe in meiner Macht.*
- *Ich bin für meine Gedanken, Gefühle und Handeln verantwortlich.*
- *Alles was ich möchte, erschaffe ich.*
- *Ich erhöhe meine Schwingung mit Leichtigkeit.*
- *Ich erschaffe meine eigene Realität.*

SCHWERE ZEITEN
- *Ich rufe Durchhaltevermögen in mein Leben.*
- *Ich stehe alles durch.*
- *Ich tue immer mein Bestes.*
- *Ich habe alles was ich brauche um alle Herausforderungen erfolgreich durchzustehen.*
- *Ich bin stark und kann jede Situation bewältigen.*
- *Ich wachse mit jeder Herausforderung.*
- *Ich bin die Kraft die ich brauche.*

MUT
- *Ich rufe Mut zu mir.*
- *Ich bin mutig und stark.*
- *Ich akzeptiere Veränderungen mit Leichtigkeit.*
- *Ich bin mir sicher, Veränderungen bringen mir Wachstum.*
- *Ich bin mutig neue Möglichkeit zu erforschen.*
- *Positiven Möglichkeiten kommen immer auf mich zu.*
- *Ich heiße neue Möglichkeiten willkommen.*
- *Mit Leichtigkeit bewältige ich alles.*
- *Mit Leichtigkeit und Mut verändere ich mich wie ich möchte.*
- *Ich bewege mich in eine positive Richtung.*
- *Ich bin Mut.*

FÜLLE
- *Ich rufe der positiven Fülle in alle Bereiche meines Lebens.*
- *Ich bin dankbar für die reiche Fülle in meinem Leben.*

- *Alles was zu meinem höchsten Wohl ist, fließt mir mühelos zu.*
- *Ich manifestiere immer alles was ich brauche.*
- *Ich bin es wert in positiver Fülle zu leben.*
- *Ich verdiene die positive Fülle in meinem Leben.*
- *Ich bin die Dankbarkeit selbst in Person.*
- *Ich verdiene nur das Beste.*
- *Ich bin die positive Fülle.*

GESUNDHEIT

- *Ich rufe optimale Gesundheit zu mir.*
- *Ich bin immer optimaler Gesundheit.*
- *Ich liebe meinen starken, gesunden Körper.*
- *Ich bin dankbar für alles was mein gesunder Körper für mich tut.*
- *Ich bin Vitalität und Kraft.*
- *Ich bin dankbar für das Geschenk einen gesunden Körper zu haben.*
- *Ich bin optimale Heilung.*

WENN ALLES GUT LÄUFT
(Du möchtest dieses Momentum beibehalten)

- *Ich bin dankbar für mein Leben.*
- *Ich bin dankbar für alles in meinem Leben.*
- *Ich bin dankbar für die Heilung und den Segen in meinem Leben.*
- *Ich bin unendlich gesegnet.*
- *Ich bin die Dankbarkeit in Person!*

*****

ÜBUNG: Affirmationen aufschreiben

Schreibe Deine Affirmationen auf.

Nimm Dir ruhig viel Zeit, eventuell Tage dafür, damit Du wirklich damit zufrieden bist. Fühle Dich in sie hinein.

*****

Wie im vorherigen Kapitel erwähnt, ist es wichtig täglich Zeit für Deine Affirmationen Routine zu nehmen. Ich übe sie wie ich beschrieben habe, wiederhole sie aber auch, während ich einschlafe, bevor ich aufstehe, während ich koche, dusche und spazieren gehe. Meine hochschwingenden Affirmationen helfen mir, während des Tages, meine Schwingung hoch zu halten. Die Energie meines Körpers fühlt sich sehr wohl dabei.

Ich hoffe, dass einige Themen und Affirmationen Dich angesprochen haben. Es gibt unendlich viele Affirmationen im Internet, falls Du noch Beispiele benötigst.

Du kannst die Affirmationen übernehmen, aber sei Dir sicher, dass sie genau Dein gewünschtes Thema unterstützen. Fühle sie in Deinem Körper. Erinnere Dich, Du kannst denken was Du möchtest.

Also denke und formuliere nur das Beste für Dich. Sehr wichtig, sie „müssen" für Dich glaubwürdig sein.

Viel Spaß dabei!

Wie Du mit Deinem Körper kommunizierst, kommt jetzt.

KOMMUNIKATION MIT DEINEM KÖRPER

Zu lernen bewusst in die Energie Deines Körpers hinein zu fühlen und mit Deinem Körper zu *kommunizieren* ist äußerst wichtig. Obwohl jeder Mensch die Energie seines Körpers bewusst oder unbewusst fühlt, nimmt man seine Gesundheit oftmals als selbstverständlich hin, bis er sich mit einer Erkrankung oder einem Unfall meldet.

Deinen ganzes Fünf Körper System, einschließlich des physischen Körpers mit seinen Zellen und Atomen, *fühlt* und reagiert auf die individuellen Schwingungsfrequenzen Deiner Worte, Deiner Sätze, Deiner Gedanken, Deiner Glaubenssätze und Deiner Gefühle. *Sei Dir sehr bewusst,* dass Deine Gedanken hohe, gesunde Schwingung oder niedrige, weniger gesunde Schwingung in Dir erzeugen. Kurz gesagt, *Du erschaffst Deinen Gesundheitszustand!* Natürlich unterstützt Du Deinen Körper zusätzlich mit einer gesunden Ernährung, viel Bewegung, Zeit in der Natur und möglichst wenig Stress. Die folgende Übung hilft Dir dabei die Kommunikation zwischen Dir und Deinen Körper zu verdeutlichen.

*****

ÜBUNG: Dein Körper antwortet

1. Schließe Deine Augen, atme ganz entspannt ein und aus. Gehe gedanklich in Deinen Körper hinein und nimm Dir ein paar Minuten Zeit, die Entspannung zu *fühlen.*
2. Von diesem Ausgangspunkt, sage laut und mit Gefühl: *„Ich liebe alle meine Zellen, Atome und meinen ganzen Körper, unermesslich."* *Fühle,* Dein Körper wird antworten. Ich fühle

ein Kribbeln, das ziemlich lange anhält. Auch wenn Du keine Veränderung im Körper spürst, kommt diese Aussage an. Du brauchst nur einige Male, dann fühlst Du es auch.

3. Sage den Satz nochmal und *fühle* etwa zehn Sekunden in Dich hinein.

   Dann sage: *„Ich liebe alle meine Zellen, Atome und meinen ganzen Körper NICHT."* *Fühle und vergleiche die Veränderung.* Wiederhole die Übung, wenn Du möchtest.

4. *Wichtig!!!* Der letzte Satz an Deinen Körper soll unbedingt liebevoll sein. Also nochmal, laut und mit Gefühl: *„Ich liebe alle meine Zellen, Atome und meinen ganzen Körper, unermesslich."* Täglich zu sagen: *„Ich liebe Dich und danke Dir lieber Körper."* tut Deinem Körper auch sehr gut. Sei kreativ, denke Dir unterschiedliche Sätze aus und spüre die Veränderungen im Körper.

5. Probiere es aus, nur im Gedanken diesmal, mit Deinem Körper zu kommunizieren.

6. Kommuniziere, mehrmals am Tag, mit Deinem Körper und schenke ihm durch Deine Aufmerksamkeit, nette Worte, Gedanken, Liebe, Lob und Dankbarkeit. Dies ist eine wunderbare Möglichkeit Deine Schwingung im ganzem Fünf Körper System zu erhöhen und Deine Gesundheit zu bessern!

*****

Mit dieser neuen Körpererfahrung, ermutige ich Dich eine vorherige Übung im Buch zu wiederholen.

ÜBUNG: *Fühle* in Deinem Körper *hinein,* während…

1. Du Dich mit niedrigschwingenden Worten, beklagst
2. Du Dich mit jemanden unterhältst, der sich beklagt
3. Du Dich streitest oder Streit beobachtest
4. Du einen gewaltsamen Film, anschaust
5. Du den Nachrichten nur zuhörst (Augen zu)
6. Du die Nachrichten nur anschaust (Ton aus)
7. Du hektische Musik anhörst
8. Du in der Stadt oder irgendwo bist wo viel Lärm herrscht
9. Du draußen in der ruhigen Natur bist

*****

Sei Dir immer bewusst, dass *ALLES* Deine Energie und somit Deine Schwingung beeinflusst und umgekehrt. Achte darauf und vermeide Das was Deine Schwingung hinunterzieht. Mit etwas Übung, ist das Ziel Deine Schwingung zu erhöhen und zu behalten gut erreichbar. Überprüfe die Kommunikation und Signale Deines Körpers in jeder Situation.

Er spricht ununterbrochen mit Dir. *Schwingen Du und Dein Körper hoch und glücklich?*

FEEL GOOD – FÜHLE DICH GUT!

Zuerst eine kleine Wiederholung:
Es ist zu Deinem höchsten Wohl, dass Du Dich möglichst immer gut fühlst und hoch- und glücklich schwingst. Die Übungen in diesem Buch sind einfach und wirksam. Die Selbstverantwortung, die Regie von Deinem Ego zu übernehmen und zu behalten, ist der Schlüssel.

Wenn Du Dich gut fühlst, schwingt Dein Fünf Körper System dauerhaft höher, glücklicher und gesunder. Wie kommst Du in diesen Zustand hinein? Du übst Dich Gedanken, die Dich gut fühlen lassen zu denken und streichst die Gedanken, die nicht dazu beitragen. Kämpfe weder gegen Deine Gedanken noch Gefühle, die unerwünscht sind, dabei verstärkst Du sie nur. Nimm die Gefühle die hoch kommen wahr, bewerte sie nicht, und heiße sie *„Willkommen"*. Fühle sie damit Du sie loslassen kannst. Du musst dafür nicht wissen weshalb ein bestimmtes Gefühl hochkommt. Wenn Du etwas sagst oder denkst und Du merkst, dass Du diese Gedanken und Worte *ersetzen möchtest*, dann sage oder denke: *„Ich entsage dem Gedanken."* Danach sprichst Du die gewünschte Veränderung aus: *„Ich ersetze den Gedanken mit* _____. *So sei es!"*
Somit führst DU Regie!

Mit Deinen gutfühlenden Gedanken, erreichst Du eine höhere Schwingung. Weil Du ein Magnet bist, ziehst Du wiederum Dinge, Situationen und Menschen an, die Dich gut fühlen lassen. Du weißt, durch das Gesetz der Anziehung, dass Du das was zu Deiner Schwingung passt, anziehst.

Die Energie des Universums antwortet Deiner Schwingungsfrequenz ununterbrochen. Sie horcht Deinen Worten und Gedanken, reagiert aber auf die Schwingung Deiner Gefühle. Fokussiere Deine Gedankenenergie ausschließlich auf die Schwingungsqualitäten die Du möchtest. Die Energiequalitäten von Liebe, Freude, Dankbarkeit, freudige Erwartung, Akzeptanz und Frieden schwingen sehr hoch.

Fühle Dich möglichst immer gut!

Geht das? JA!

Anhand von einigen persönlichen Beispielen, möchte ich Dir zeigen wie es möglich ist, auf der hohen Schwingung zu bleiben, trotz unangenehmer Tätigkeiten und Situationen im Alltag.

PAPIERKRAM:
Ungern beschäftige ich mich mit Kontoauszügen, Versicherungsformularen und anderem Papier-kram, vor allem das Ordnen und Abheften. Früher habe ich mich tagelang, manchmal monatelang davor gedrückt. Alle Papiere lagen auf meinem Esszimmertisch ausgebreitet. Jedes Mal als ich vorbei ging, habe ich die Energie meiner Aufmerksamkeit an sie *verschenkt,* obwohl sie nur da lagen. Während ich nachts einschlief, dachte ich an den immer größer werdenden Papierberg auf meinem Tisch und verschenkte noch mehr Energie. Meine Verweigerung, die damit verbundenen Aufgaben zu erledigen und mein schlechtes Gewissen, wurde Tag für Tag stärker und meine Schwingung und Energie wiederum niedriger. Ich *fühlte* Erschöpfung und stellte mir die

Frage: *"Warum weigere ich mich so stark, die Aufgaben zu erledigen?"*

Die Antwort kam. Ich persönlich finde den Gedanken etwas tun *zu müssen,* milde ausgedrückt, unangenehm. Es ist für mich und mein Ego als ob ich zu etwas gezwungen werde. Dann wurde mir bewusst, dass ich in jeder Situation so denken und handeln kann, wie ich möchte. Seitdem ersetze ich das Wort *müssen* mit dem Wort *kann* oder *darf,* je nachdem welche Tätigkeit, Verpflichtung oder Aufgabe meine Aufmerksamkeit benötigt. Mit diesem kleinen *„Wörtertausch",* ist mein Gefühl von Zwang verflogen. Allein der Gedanke, dass ich meinen Papierkram erledigen *darf*, bringt ein Schmunzeln in mein Gesicht und ich schwinge höher.

Ich staunte als ich von Abraham Hicks, in einem YouTube Video, der vom Gesetz der Anziehung spricht, hörte dass man etwas nicht tun sollte, solange man es nicht möchte. Wie soll das funktionieren? Natürlich, gibt es einiges wozu man sofort *„Nein"* sagt. Aber wie ist es, wenn man etwas tun *„muss"* oder *„darf"*? In meinem Beispiel, *„musste"* mein Papierkram erledigt werden. Mein Ziel lag darin, meinen niedrigschwingenden „Papierkram- Gedanken" zum höherschwingenden Gedanken zu verändern *BEVOR ich anfing,* damit ich in meiner höheren Schwingung bleiben konnte.

Ich sagte scherzhaft: *„So lieber Papierkram. Du schreist lange nach mir, hier bin ich. Lass das Spiel beginnen!"* Mein Gedanke ans Spaßhaben, heiterte mich sofort auf. Wiederholt bestätigte ich: *„Meinen Papierkram zu erledigen macht richtig Spaß!"* Ich habe währenddessen auch mit meinem Papierkram gesprochen. Lob bekamen die Aufgaben die schnell fertig wurden, Ermutigung bekamen die, die sich Zeit ließen. Zwischendurch sagte ich: *„Komm, wir stehen alles gemeinsam durch und Ihr habt bald Eure Ruhe."* Spaß und Freude dabei erhöhten meine Schwingung. Die Aufgaben waren wesentlich schneller fertig als vermutet. Ich lobte mich selbst, atmete tief aus und merkte eine tiefe Befreiung meiner Energie. Meine neue Energie hatte nichts mehr mit dieser alten Papierkram-Energie und dem schlechten Gewissen zu tun!

Es gibt unzählige Möglichkeiten wie Du Dich auf eine höhere Schwingung bringen kannst. *Vorher,* kannst Du in eine höhere Schwingung kommen, indem Du Deine Augen für einige Minuten schließt und Du Dir selbst vorstellst, wie schnell Du alles mit Freude erledigst. Beobachte Dich, wie Du Glück und Zufriedenheit verspürst mit dem Gedanken daran, dass bald alles erledigt sein wird. *Fühle jetzt* die Energie Deiner Zufriedenheit.

Fühle Dich immer gut!!!

Du kannst vorab auch bestimmen, wie viel Zeit Du bei Deiner Aufgabe, nehmen *möchtest.* Sich jeden Tag, eine halbe Stunde zu nehmen um Deinen Kleiderschrank auszumisten ist weniger überwältigen, als sich alles auf einmal vorzunehmen. Entscheide Dich für eine Zeit, die Dich glücklich schwingen lässt. Möglicherweise, schwingst Du so hoch, während Du Dich an die Arbeit machst und bleibst sogar länger dabei.

Was ist bei Dir noch unerledigt? Unbewusst verschenkst Du Deine Energie. Schiebst Du das Putzen Deines Badezimmers, das Aufräumen Deiner Küche, das Bügeln Deiner Wäsche oder das Führen eines unangenehmen Gespräches vor Dir her? Verlasse Dich auf Deinen Humor, gehe die Dinge mit Freude und so entspannt wie möglich an. Du kannst über die Aufgaben denken, wie Du möchtest!

Ziel ist es immer, so oft wie möglich, in der hohen Schwingung zu sein und zu bleiben. Das schaffst Du, mit Leichtigkeit, durch etwas Übung in der Gedankenveränderung!

Alles was Du erledigst, ausmistest und loslässt, verändert Deine Energie und trägt zu einer befreienden, höheren Schwingung in Deinem Körper, Deiner Umgebung und Deinem Leben, bei. Schwing Dich glücklich!

*****

ÜBUNG: Unerledigtes

Gibt es irgendetwas unerledigt wovor Du Dich drückst? Schreib es auf und beschreibe wie Du die Aufgabe mit einer hohen Schwingung angehst. Führe die Tätigkeit dann so aus. Du wirst spüren, wie kraftvoll Deine Gedanken und Vorstellungen sind, wenn Du Regie führst. Viel Spaß, Freude und Humor dabei!

Aufgepasst! Dein Ego könnte Dir sehr stark vorschlagen, dass Du Dich vorher etwas „weniger anstrengend" tun solltest, oder besser gar nichts!

*****

UNANGENEHME SOZIALE VERPFLICHTUNGEN, TERMINE
UND GESPRÄCHE:
Benutze Deine Vorstellungskraft und denke hoch-
schwingenden Gedanken schon *VOR* jeder unangenehmen
Situation.

Folgende Gedanken bringen Leichtigkeit in der Situation:
- *Es wird bestimmt mehr Spaß machen, als ich denke.*
- *Alles geht immer gut aus.*
- *Ich treffe bestimmt nette Leute.*
- *Ich bleibe entspannt und freue mich.*
- *Ich kann gehen, wann immer ich möchte.*
- *Ich kann es beenden, wann immer ich möchte.*
- *Ich freue mich jetzt schon, dass ich es sehr bald hinter mich habe!*

Egal was es ist, sei Dir bewusst, dass Du durch Deine
Gedanken bestimmen kannst, wie Du etwas erlebst. Wenn Du
Dich gut fühlst, ziehst Du Dinge an, die Dich gut fühlen lassen!

*****

GELD – FÜLLE ANZIEHEN:
Viele Menschen wünschen sich mehr Geld. Solange ihre
Gedanken ausstrahlen, dass sie nicht genug haben, reagiert
ihre Schwingung entsprechend und sie ziehen kein Geld an.
Nur gleiche Schwingungen ziehen sich an. Die Schwingung:
„Ich habe nicht genug.“ und die Schwingung: *„Ich habe mehr
als genug.“* sind weit voneinander entfernt. Geld ist, unter
anderem, ein Zeichen von Fülle. Wie bewegt man sich auf die
Schwingung der Fülle zu? Täglich, gibt es unermessliche Fülle

um uns herum. Wichtig ist sie zu erkennen und dafür wirklich dankbar zu sein. Du hast einen Körper, der Dich trägt, Du kannst sehen, hören, laufen und klar denken. Du hast frische Luft, wahrscheinlich ein Dach über dem Kopf, genug zu Essen und sauberes Wasser. Das Wasser kommt sogar einfach aus dem Wasserhahn, wenn Du es brauchst. Du hast wahrscheinlich ein Bett, Kleidung, Geld, Familie und Freunde. Du darfst zur Schule gehen oder hast Arbeit. Du lebst in einem Teil der Welt, in dem es meist friedlich zugeht. Bedenke, dass nicht jeder diese Fülle hat! Erkenne sie und sei dankbar dafür.

Akzeptiere wo Du Dich gerade im Leben befindest und sei dankbar für das was Du in diesem Moment hast. Auch Akzeptanz ist eine Form der Dankbarkeit und lässt Dich auf der Schwingungsskala klettern! Wenn Du Dein Leben so betrachtest, bist Du *REICH!* Zu erkennen, dass Du eigentlich im Allem reich bist, bringt Dich näher an *„die Schwingung der Fülle – Reichtum".* Täglich Deine Energie auf die Fülle um Dich herum zu fokussieren, wird Deine Schwingung in Richtung Fülle bringen. Du wirst anfangen Beispiele der Fülle zu sehen. Freue Dich lieber (hohe Schwingung), statt neidisch zu sein, (niedrige Schwingung), wenn Du andere siehst, die schon gelernt haben auf der Schwingung der Fülle zu leben. Du kannst auch dahin!

Aufpassen, eine Falle! Sich mit seinen Gedanken und Affirmationen lediglich auf „mehr Geld" zu konzentrieren, blockiert Dich dabei andere Geschenke der Fülle zu empfangen. Du möchtest positive Fülle in allen Bereichen Deines Lebens. Das Universum hält viel mehr für Dich bereit als nur Geld. Öffne Dich, freue Dich für jedes Zeichen der Fülle und bedanke Dich dafür. Ein Kind, das seinen Eltern herzlich für die Geschenke dankt, wird häufig noch mehr und mit Freude, beschenkt. So ist es mit dem Universum!

*****

ÜBUNG: Fülle in Deinem Leben

Schreibe mehrere Beispiele von Fülle in Deinem Leben auf.
Sage: *„ICH BIN dankbar für* _____.*"*
FÜHLE DANKBARKEIT und freue Dich darüber… jeden Tag!

*****

Zu lieben ohne Objekt…

ZU LIEBEN ODER NICHT ZU LIEBEN, DAS IST DIE FRAGE

Das Buch *„LEIDE NICHT, LIEBE – Über die Liebe zur Liebe ohne Objekt" von Werner Ablass,* dass die Schwingungsskala vorstellt, finde ich genial. Es hat mir geholfen aus einer gesellschaftlichen Programmierung auszusteigen.
„To think outside of the box."

Zuerst eine kleine, aber wichtige Wiederholung:

Dein Fünf Körper System ist aus Energie, das ununterbrochen schwingt. Du bist ein Energiewesen. Liebe ist die kraftvollste Energie mit der höchsten Schwingung, die das Universum zusammenhält. Dein wahres, authentisches Selbst, Dein Wesenskern, ist Liebe. Du musst die Liebe nie suchen, weil Du *immer* die Liebe selbst bist. Wie Du die Außenwelt, Deine Realität, erlebst ist abhängig von der Frequenz Deiner Schwingung auf der Du emotional höher oder niedriger schwingst. Erinnere Dich: *Das was Du denkst, wird zu dem was Du fühlst und dann zu dem was Du siehst! Du erschaffst Deine Realität mit Deinen Gedanken.* Um Deine Lebensumstände positiv zu verändern ist Dein Ziel, die Frequenz Deiner Schwingung zu erhöhen und zu erhalten.

Energie fließt immer in die Richtung Deiner Aufmerksamkeit. Wenn Du also Deine Aufmerksamkeit auf die Liebe lenkst, ist Liebe *immer verfügbar.* Du musst die Liebe *nicht erzeugen*, sie ist einfach da. Die Liebe verstärkst Du in dem Du Deine Aufmerksamkeit auf sie lenkst.

Um Deine Schwingung *bewusst* zu der Liebe zu erhöhen, wähle zunehmend Gedanken, die Dir mehr Freude, Heiterkeit,

Harmonie und Frieden *fühlen lassen.* Ich kann es nicht oft genug schreiben, *Du kannst immer denken was Du möchtest. Denke Dir Deine Welt, so wie Du sie haben möchtest und nicht wie sie ist. Nur so erschaffst Du Veränderung!*

Du hast schon mit Deinen Gedanken geübt die Leitersprossen „hoch zu klettern". Auf jeder Sprosse hast Du Dich besser gefühlt. Dein Ziel ist es auf die höchste Sprosse, die Liebe, zu kommen und dort, so lange Du kannst, zu bleiben. In allem was Du tust, lasse Liebe hineinfließen. Du kannst entscheiden glücklich zu sein und Liebe und Freude zu empfinden, *egal* was um Dich geschieht. Wenn Du Dich dazu entscheidest, wirst Du merken wie gut es Dir dabei geht. Liebe zieht mehr Menschen, Situationen und Dinge an, die Du liebst.

Uns allen wurde gesellschaftlich *„beigebracht",* dass unser Glück *NUR* von äußeren Umständen, wie einem Anlass, einer Person oder einem Objekt, *abhängig* ist. Als Beispiel, Du kannst nur glücklich und zufrieden sein, wenn Du ein Haus, eine Familie, Freunde, ein schickes Auto und teure Gegenstände hast. All diese Dinge zu erreichen ist sicherlich toll, aber sei Dir bewusst, dass Du *jederzeit* glücklich sein kannst, ohne etwas erreicht zu haben und ohne viele Sachen zu besitzen. Du kannst diese Programmierung und damit zusammenhängende Unzufriedenheit loslassen, weil Du erkennst, dass Du jederzeit glücklich sein kannst, *unabhängig* von der gesellschaftlichen Definition davon. Dein aktuelles Umfeld und die Dinge, die Du bereits oder noch nicht besitzt, spielen eine ungeordnete Rolle.

LASSE DIE LIEBE FLIESSEN! WIE SIEHT DAS PRAKTISCH AUS?

Liebe fließt immer, weil Du Liebe bist, es sei denn, Du leistest Widerstand.

Ein Zitat von Thaddeus Golas, in dem Buch von Werner Ablass, hilft Dir dieses geniale Werkzeug zu verstehen und umzusetzen:

„Was auch immer Du tust, liebe Dich dafür, dass Du es tust. Was Du auch immer denkst, liebe Dich dafür, dass Du es denkst. Was auch immer Du fühlst, liebe Dich dafür, dass Du so fühlst."

Das Ziel ist es, so gut wie möglich, alles und jeden zu lieben, auch *„Negatives"*, in allen Situationen.

Folgende Beispiele helfen Dir bestimmt.

BEISPIEL 1: Kein Widerstand!

Der Wecker klingelt viel zu früh. Du hast Dir erlaubt, durch Deine Gedanken über den Moment, auf einer „mürrischen" Schwingung zu schwingen.

Um Dich auf die Schwingung der Liebe zu bringen, sage oder denke:
- *„Ich LIEBE mich dafür, dass ich so mürrisch, missgelaunt bin."*
- *„Ich LIEBE das Mürrisch, Missgelaunt sein."*
- *„Ich LIEBE meine Ablehnung gegen das Aufzustehen."*
- *„Ich LIEBE es so früh aufzustehen!"*

Wiederhole die Gedanken oder die Sätze mehrmals und spüre, wie Du Dich dabei *fühlst.* Erinnere Dich, Worte schwingen, allein die Worte: *„Ich LIEBE"* erhöhen Deine Schwingung. Du merkst es im Körper. Du liebst das Mürrisch sein, Du lehnst es nicht ab. *Du leistest kein Widerstand!*

TIPP: Sage, denke, das Wort „LIEBE" immer mit Gefühl!

Indem Du liebst und keinen Widerstand leistest, erlaubst Du die Liebe, frei zu fließen. Du entscheidest Dich mit der höchsten, kraftvollsten Schwingung im Universum, *der LIEBE,* zu verbinden und zu spielen.

BEISPIEL 2: Wieder, kein Widerstand!

Du begegnest irgendjemandem, den Du nicht magst. Die Unterhaltung ist nicht zu vermeiden. Du ziehst Dich vom Gefühl her, körperlich zusammen und *spürst* Deine Ablehnung. Dadurch blockierst Du das Fließen der Liebe in und zu Dir selbst.

In dieser Situation, *denke* zum Beispiel:
- *Ich LIEBE mich dafür, dass ich dieser Person nicht mag und lieber woanders wäre.*
- *Ich LIEBE mich dafür, dass ich so über diese Person denke.*
- *Ich LIEBE mich dafür, dass ich mich nicht mit dieser Person unterhalten will.*

Spüre wie Du Dich körperlich fühlst, wenn Du in der Liebe bleibst. Trotz der unangenehmen Begegnung, bist Du für Deine

Schwingung verantwortlich und wählst die höchste Schwingung der Liebe für Dich.

Vielleicht *denkst* Du während des Gesprächs:
- *Ich LIEBE, dass ich so gelangweilt bin.*
- *Ich LIEBE, dass ich so genervt bin.*
- *„Ich LIEBE, dass ich nicht zuhöre."*
- *Ich LIEBE, dass ich überlege wie ich das Gespräch beenden kann.*
- *Ich LIEBE, dass ich bald über diese Sätze laut lachen kann.*

Indem Du alles liebst, leistest Du keinen Widerstand. Die Liebe kann fließen. Du hältst Dich auf der höchsten Schwingung. Du kannst Dich trotzdem schnell verabschieden, vielleicht mit dem Gedanken: *Ich LIEBE mich dafür, dass ich so gut wie ich konnte, in der Liebe geblieben bin!*

BEISPIEL 3: Falls Du in die Schwingung der Selbstkritik schwingst:

„Ich LIEBE MICH DAFÜR, …
- *dass ich zu viel gegessen habe."*
- *dass ich zu viel getrunken habe und verkatert bin."*
- *dass ich zu viel Geld ausgegeben habe."*
- *dass ich meinen Papierkram verschoben habe."*
- *dass ich _____ vergessen habe."*
- *dass ich ungeduldig bin."*
- *dass ich zugenommen habe."*
- *dass ich so stur bin."*

- dass ich ausgerastet bin."
- dass ich versagt habe."
- dass ich egoistisch bin."
- dass ich mich daneben benahm."
- dass ich gleichgültig bin."
- dass ich so denke."
- dass ich so fühle."
- dass ich es so wahrnehme."
- dass ich gelogen habe."
- dass ich gemein bin/war."
- dass ich auf Anerkennung warte."
- dass ich ängstlich bin."
- dass ich mich selbst urteile."
- dass ich andere urteile."
- dass ich eifersüchtig bin."
- dass ich mich einsam fühle."
- dass ich mich _____ fühle."
- dass meine Gedanken in die Vergangenheit/ Zukunft abschweifen."

„ICH LIEBE …
- meine Angst."
- mein Frust."
- meine Unzufriedenheit."
- meiner Ungeduld."
- meiner Eifersucht."
- meine Unsicherheit."

Liebe alles, auch die Dinge die schwierig zu lieben sind!

Bringe die Liebe schnell im Schwung mit Dingen, die Du schon liebst.

„ICH LIEBE MICH DAFÜR, …
- *dass ich freundlich bin."*
- *dass ich anderen gegenüber wohlwollend bin."*
- *dass ich Sinn für Humor habe."*
- *dass ich mich gut ernähre."*
- *dass ich liebe."*
- *dass ich großzügig bin."*
  …und noch tausende Dinge dazu!

„ICH LIEBE…
- *mich so sehr!"*
- *die Sonne."*
- *die Natur."*
- *mein Leben."*
- *meine Freunde."*
- *meine Familie."*
- *mein Zuhause."*
- *die Tiere."*
- *die Erde."*
- *die Welt."*
- *die Menschen."*
  …und noch tausende Dinge dazu!

Probiere es einfach aus! Entschließe Dich *ALLES* zu lieben, egal was und merke wie Du Dich dabei *fühlst.* Fühle das Fließen der Liebe, *OHNE* Widerstand. Du liebst Dich, Du liebst alles. *Du liebst ohne Objekt!!!* So sorgst Du dafür, dass Deine Schwingung hoch bleibt.

Glaube mir, als ich hiermit angefangen habe, habe ich viel gelacht!

„Habe ich wirklich eben gesagt, dass ich meine Trägheit liebe, dass ich den Müll auf dem Weg liebe, dass ich die unfreundliche Kassiererin liebe, dass ich meine unordentliche Wohnung liebe?" Ja, und ich fühlte mich gut dabei, weil die Energie der Liebe, so fließen konnte. Sie fühlte sich sehr angenehm an. Wer sagt denn, dass ich meine Trägheit nicht lieben kann, darf? Es ist Zeit Deine Glaubenssätze zu überprüfen! Du kannst denken und lieben was Du möchtest.

Jetzt das Wichtigste! Wenn Du die Liebe ungehindert fließen lässt, hilft sie Dir die Schwingung der Liebe in Zukunft höherschwingendes, vorteilhaftes Verhalten für Dich zu wählen. Es fällt Dir leichter höherschwingende Gedanken zu haben.

Nehmen wir an, Du trinkst zu viel Alkohol, rauchst zu viel, isst zu viel…
Du bleibst trotzdem Liebe!

Sage Dir:
- *„Ich LIEBE mich dafür, dass ich zu viel trinke."*
- *„Ich LIEBE mich dafür, dass ich zu viel rauche."*
- *„Ich LIEBE mich dafür, dass ich zu viel esse."*

Das was Du oder jemand der zu viel trinkt, zu viel raucht oder zu viel isst, braucht ist *LIEBE* von anderen und sich selbst, keine Ablehnung. Die Liebe gibt Dir die Kraft niedrig-schwingende Verhalten, wie zu viel Trinken, Rauchen, Essen in ein höherschwingendes Verhalten zu verwandeln. Du liebst, dass Du zu viel trinkst, rauchst oder isst. Du liebst die Gefühle, die Du versuchst mit zu viel Trinken, Rauchen oder Essen zu unterdrücken. Du liebst die Situation und Du liebst Dich.

Unsicher ob es funktioniert? Probiere es aus!

Werner Ablass schreibt: *„Sei wie sonst auch, nur mit dem Unterschied, dass Du Dich, so wie Du bist, so wie Du denkst, so wie Du Dich fühlst, so wie Du in Kontext mit anderen lebst, AKTIV zu lieben beginnst."*

Aktiv zu lieben ist Deine Entscheidung! Behaupte einfach, dass Du liebst, das Gefühl kommt von allein! Liebe bringt Dich in „Schwung" wie nichts anderes!

Auf der Schwingung der Liebe zu bleiben, zieht nicht nur Positives an, sie schützt gleichzeitig vor niedrigschwingenden, negativen Einflüssen. Gleich zieht Gleiches an.

Liebe kann nur fließen, wenn Du keinen Widerstand leistest. Also liebe!

ÜBUNG: Beginne alles AKTIV zu lieben

Sitze einen Moment und warte. Dein Ego wird Dir wahrscheinlich sagen: *„Dieses und jenes kannst Du unmöglich lieben!"* Probiere es trotzdem aus, DU führst Regie!

1. Denke an etwas, bei dem Du meinst, es nicht lieben zu können.
2. Lege Deine Hände auf Dein Herz und behaupte laut und mit Gefühl:
   „Ich LIEBE _____*!"*
3. Wiederhole den Satz ein paar Mal, damit Du die Energie im Körper fühlst.
4. Wenn es Dir hilft, schreibe den Satz auf. Lese sie mehrmals und fühle.
5. Was sind weitere Dinge, die Du meinst nicht lieben zu können? Sind es Charakter-eigenschaften, Personen, Situationen? Schreibe fünf Dinge wie zuvor auf.
   Ich LIEBE _____*!*
6. Lese sie so oft laut vor, bis Du das angenehme Gefühl der Liebe wirklich fühlst.

*****

Sei Dir bewusst, Du arbeitest und spielst mit Energie.

ÜBUNG: Um Dich zu erinnern zu lieben – ein Wort

Ich bin in Massachusetts, USA, in der Woodstock-Ära aufgewachsen. Damals standen auf vielen meiner T-Shirts Worte wie *„LOVE"* oder *„PEACE"*. Die Beatles sangen *„ALL YOU NEED IS LOVE!"*

Das Wort *„LOVE"* zu sagen oder zu sehen bringt mich sofort zur Schwingung *LOVE*.

Als Erinnerung, habe ich das Wort *LOVE* auf Post-Its geschrieben und sie überall im Haus verteilt. Ich wechsele ihre Position, wenn ich merke, dass ich anfange sie zu übersehen.

1. Überlege ob Du *„LOVE"* oder *„LIEBE"* aufschreiben möchtest.
2. Wiederhole das Wort *„LOVE"* oder *„LIEBE"* mit Gefühl laut oder in Deinen Gedanken. *Fühle!*
3. Fühlst Du *„LOVE"* oder *„LIEBE"* in Dir, oder verspürst Du Widerstand?   Keine Sorge, Widerstand weicht der Liebe immer.

Zu sagen:
- *„Ich habe _____ LIEB."* hat eine schwächere Schwingung als:
- *„Ich LIEBE _____."*

*****

ÜBUNG: Übe die Schwingung der Liebe, ohne Satz, und bade darin

Wiederhole mehrmals im Laufe des Tages, das Wort „LOVE" oder „LIEBE", entweder laut oder in Gedanken. Wenn Du möchtest, übe beim Duschen, Hände waschen, Kochen und Spazieren gehen. Als Unterstützung, kannst Du Deine Hand auf Dein Herz halten um Deine Aufmerksamkeit zu fokussieren. Dein Herz wird Dir dabei helfen.

*****

BEISPIEL: Schlafe in der Schwingung der Liebe ein Gestern Nacht bin ich wach geworden und konnte danach nicht wieder einschlafen. Mein Ego, war auch wach geworden und übergoss mich mit Gedanken und Bildern. Was war los? Etwas aus meinem Unterbewusstsein drängte hervor und wollte heraus. Das Thema der verschiedenen Gedanken und Bilder war Angst. Ich beobachtete sie, identifizierte mich aber nicht mit ihr. Ich habe auch nicht versucht sie zu verstehen und entspannte mich. Kein Widerstand.

Ich kam auf die Idee, wiederholt das Wort „LOVE, LOVE, LOVE, LOVE, LOVE" zu sagen und dann zu denken. Die Liebe löste die Angst auf und ich schlief in der Schwingung der Liebe, LOVE friedlich ein. Du kannst auch morgens damit aufwachen.

NACH WIE VOR, GEFÜHLE SIND WERTVOLLE SIGNALE:
Wut, Trauer, Angst, Schmerz und ähnliche Gefühle sind sehr wertvolle Signale. Sie sind ein Signal dafür, dass das Fließen der Liebe blockiert ist. Bringe Liebe in diesen Gedanken.

Wenn sie sich zeigen, sage oder denke mehrmals:
- *„Ich liebe die Wut, die ich jetzt fühle."*
- *„Ich liebe die Trauer, die ich jetzt fühle."*
- *„Ich liebe die Angst, die ich jetzt fühle."*
- *„Ich liebe den Schmerz, den ich jetzt fühle."*

So können sie, mit der Schwingung der Liebe, hochkommen und hinausfließen. *Ohne Widerstand.* Du schenkst Deiner Angst Liebe und ermöglichst ihr zu gehen.

Wenn Du in Deiner gegenwärtigen Situation mehr Liebe erweist, brauchst Du Dir um das Loslassen keine Gedanken zu machen. Es geschieht von selbst!

„Was negative Gefühle zu einer zerstörerischen Kraft macht ist einzig und allein die totale Identifikation mit ihnen. Sie sind NUR Gefühle. So bald Du erkennst, dass Du in jedem Fall Liebe bist, hat kein negatives Gefühl mehr Macht über Dich. Es kann Dich nicht mehr beherrschen." Werner Ablass

Zur Erinnerung:
Beobachte und sage: *„Oh interessant, das Gefühl Wut (Schmerz, Trauer, Leid, Angst) zeigt sich jetzt. Ich LIEBE meine Wut (Schmerz, Trauer, Leid, Angst)."* Atme ruhig ein und aus, lasse die Wut u. a., ohne Widerstand, hoch und hinaus.

Du liebst immer. Deine Liebe wird lediglich von Deinen Vorstellungen, wie etwas zu sein hat um es lieben zu können, blockiert. Akzeptiere es, nimm es an und liebe es!

„Wenn Du das liebst, was Du gerade erlebst, wirst Du Vergangenem nicht nachtrauern oder Dinge in der Zukunft ersehnen. Wenn Deine Gedanken in die Vergangenheit oder die Zukunft abschweifen, liebe Dich dafür." Werner Ablass

Lasse die Liebe fließen in dem Du immer liebst. Sei Dein wahres, authentisches Selbst der Liebe. *ALLE* niedrigen Schwingungen *MÜSSEN* der höchsten Schwingung der Liebe *IMMER* weichen!

"ALL YOU NEED IS LOVE, LOVE ... LOVE IS ALL YOU NEED!" Beatles.

*****

Finde heraus welche Übungen im Buch zu Dir passen. Ob Du sie kombinierst oder nur einige davon aussuchst um Deine Schwingung zu erhöhen ist natürlich, Dir überlassen. Ich wünsche Dir viel Spaß beim Spielen!

*****

Wie Deinen Alltag mit diesem neuen Wissen aussehen könnte, erzähle ich Dir jetzt!

WIE VERBRINGST DU EINEN HOCHSCHWINGENDENDEN TAG?

AM MORGEN:

Am Anfang Deines Tages, kannst Du die Schwingung für den ganzen Tag setzen!

Fange Deinen Tag also mit hochschwingenden Gedanken an. Nimm Dir mindestens zwei Minuten Dich gut zu fühlen. Fühle die Wärme der Decke auf Dir, streck Dich, lächele und stelle Dich auf die Schwingung der Liebe, der Freude und Begeisterung ein, *egal* was Du vorhast. *Bleibe im Moment, im Hier und Jetzt.* Mehrere hochschwingenden Sätze, Affirmationen, *mit Gefühl gesagt,* helfen Dir dabei. Die Worte: *„ICH BIN"* und *„ICH LIEBE"* sind besonders kraftvoll, aber andere ausgedachte Sätze funktionieren auch. Sie müssen für Dich die Richtigen sein, Du fühlst sie garantiert. Sage Deine Sätze bis Du Dich glücklich, freudvoll und begeistert fühlst.

Einige Beispiele:

- *Heute ist ein guter Tag!"*
- *„Ich bin bereit für den Tag und heiße alles Gute willkommen!"*
- *„Ich bin dankbar und freue mich auf diesen wunderschönen Tag!"*
- *„Ich bin dankbar für den Tag und öffne mich für Wunder und Zauber!"*
- *„Ich bin stark, ich bin gesund, ich bin bereit, ich bin glücklich!"*
- *„Ich liebe diesen Tag, ich bin bereit für alles was er bringt!"*

Achte darauf wie Du Dich *fühlst.* Wenn Du Dich glücklich, optimistisch, bereit für den Tag fühlst, wirklich egal was Du vorhast, bist Du auf dem Weg zu einem hochschwingenden Tag. Schwingst Du hoch, ziehst Du hochschwingende Situationen an. Wenn Du den Tag mit einer niedrigen Schwingung beginnst, kostet es enorme Mühe und Energie die Schwingung hoch zu bringen. Warum nicht gleich hochschwingend in den Tag starten? Deinen Tag mürrisch oder schlecht gelaunt zu beginnen, kann dafür sorgen, dass Du Deinen Zeh stößt, Dich mit Zahnpasta bekleckerst, Deine Schlüssel nicht findest, im Stau stehst, zu spät zur Arbeit kommst und etwas Wichtiges verpasst. Hast Du jemals das Gefühl gehabt, dass an einem Tag einfach alles schieflief? Deine Schwingung hat die Dinge mit gleicher Schwingung angezogen.

Während Du Dich morgens bereit machst, fange mit Dankbarkeit an. Dankbarkeit ist eine extrem hohe Schwingung. Sage: *„Danke"* für mindestens drei Dinge, die am vorherigen Tag passiert sind und *„Danke"* für die Dinge die Du jetzt gerade erlebst oder Dir am heutigen Tag noch bevorstehen.

Dankbarkeit für Gestern:
- *„Ich bin dankbar, dass gestern _____ so gut geklappt hat."*
- *„Ich bin dankbar für das nette Gespräch gestern Abend mit meiner Freundin."*
- *„Ich bin dankbar für das schöne Wetter gestern."*

Dankbarkeit für Heute:
- *„Ich bin dankbar, dass meine Arbeit gut läuft."*
- *„Ich bin dankbar für nette, hilfreiche Kollegen."*
- *„Ich bin dankbar für interessanten Unterrichtsstoff."*
- *„Ich bin dankbar, dass die Sonne scheint."*
- *„Ich bin dankbar, dass ich alles schaffe was ich mir vorgenommen habe."*

Fällt Dir nichts ein wofür Du dankbar sein kannst?
- *„Ich bin dankbar für mein Zuhause."*
- *„Ich bin dankbar, dass ich immer genug zu essen habe."*
- *„Ich bin dankbar, dass ich sehen und hören kann."*
- *„Ich bin dankbar, dass ich warme Kleidung habe."*

Um die hohe Schwingung zu halten, sage oder denke Sätze der Dankbarkeit durch den ganzen Tag. Trage einen Ring oder einen Stein in der Tasche, einen Anhänger, oder irgendetwas, dass Dich erinnert *„Danke"* zu sagen. Mit der Zeit wird es automatisch. Du wirst die Schwingung der Dankbarkeit *fühlen.* Sie ist, wie alle hohen Schwingungen, sehr angenehm.

Gratitude is the attitude! (Dankbarkeit ist die Einstellung!)

Falls Du merkst, dass Deine Schwingung sinkt, nimm Dir die Zeit Deine Schwingung mit Hilfe Deiner Gedanken aufwärts zu bewegen. *Übe* im Laufe des Tages auf Deine Gefühle zu achten.

Es gibt zahlreiche andere Möglichkeiten Deine Schwingung morgens und während Deines Tages zu erhöhen und zu halten.

1. Spiel Deine Lieblingsmusik, singe mit und tanze dazu
2. Geh in der Natur spazieren, verbring Zeit auf Deinem Balkon oder im Garten und schaue in die Natur. Beobachte Tiere
3. Meditiere, praktizier Yoga oder treib anderen Sport
4. Schreib eine To-Do-Liste um Dich zu entlasten
5. Schau motivierende Videos
6. Schreibe Tagebuch. Journaling hilft Dir dabei Dir Deiner Gefühle bewusst zu werden
7. Visualisiere. Schließ Deine Augen und stell Dir bildlich vor wie Dein Tag aussehen soll
8. Sage Affirmationen
9. Spiele mit Deinem Haustier, es hilft Dir Liebe fließen zu lassen
10. Lächele und fühle gleichzeitig Dein Lächeln in Deinem Herzen

Finde eine Routine, die Dir dabei hilft Dich in die Schwingung der Liebe, der Freude, des Glücks und der Begeisterung zu bringen.

TIPP: Kaum zu glauben, aber einfach zu lächeln, auch wenn Du Dich noch nicht danach fühlst, hilft Dir dabei Deine Schwingung zu erhöhen. Vielleicht begegnest Du Menschen, die Dir entgegen lächeln und das heitert Dich auf.

„Fake it, until you make it!"
„Tue als ob, bis Du es bist!"

WÄHREND DES TAGES ODER BEVOR DU INS BETT GEHST:

Gedanken kosten Energie! Wenn Du zu viele Gedanken verschwendest, weil Dein Kopf zu voll ist, versuche es mit BRAIN DUMPING. Hiermit sparst Du Gedankenenergie für positiven, hochschwingenden Gedanken und Affirmationen, die sich vorteilhafter auf Deinem Leben auswirken.

*****

ÜBUNG: BRAIN DUMP – KOPF LEEREN – GEDANKEN AUSKIPPEN

Du brauchst ein BRAIN DUMP, wenn Du:
- Dich gestresst fühlst
- Dich mit einem Problem im Kreis drehst
- Prioritäten nicht setzen kannst
- An zu viel zu denken hast
- Deine Prioritäten und Ziele vergessen hast

1. Schreibe alles auf, was in Deinem Kopf vorgeht. Was sind die Dinge, die Du nicht vergessen möchtest? So leerest Du Deinen Kopf. Zu kleine Zettel sind meist nicht zu empfehlen, weil sie unüberschaubar sind. *Fühle* die Erleichterung im Kopf und Körper.
2. Nehme Dir Zeit Dich mit Gedanken, Affirmationen, die Dich gutfühlen lassen, zu beruhigen:
   a. *„Ich entspanne mich, alles wird zu seiner Zeit geschafft.“*
   b. *"Ich bin Klarheit."*

c. *„Ich bin Entspannung und Frieden."*
    (So schwingst Du Dich auf die Schwingungsqualität
    von Klarheit, Entspannung und Frieden. Du sagst,
    Du bist es.)
d. *„Ich LIEBE alles was ich zu tun habe."*
e. *„Ich LIEBE _____."*

*****

AM ENDE DES TAGES:
Schlafe nie mit niedrigschwingenden Gedanken ein. Sie ziehen noch mehr negativen Gedanken an und verstärken negative Geschichten in Deinem Unterbewusstsein. Über die Zeit, hast Du sie leider als wahr einprogrammiert.

Kurz bevor Du einschläfst ist die Gelegenheit Deine Gedanken neu zu programmieren. So wie Lebensmittel über Nacht mariniert werden, marinierst auch Du Dich mit Deinen Gedanken und Gefühlen vom Tag. Sind die Zutaten Deiner Marinade Wut, Groll, Neid, Frust, Sorgen oder Angst? Wiederholst Du gedanklich, alles was schiefgelaufen ist und wo Du meinst versagt zu haben? Diese niedrigschwingende Marinade und die Dauer der Nacht, ist ungesund, nicht vorteilhaft für Dich.

Positive Gedanken und Affirmationen können Dir helfen eine hohe Schwingung vor dem Einschlafen zu erreichen. Du weißt inzwischen wie Du das tun kannst.

*****

ÜBUNG: Programmiere Dich neu

Wünschst Du Dir, dass etwas anders gelaufen wäre?
1. Schließe Deine Augen und sehe den „Film Deines Tages"
   bildlich vor Dir.
2. Wenn Dir etwas nicht gefällt, sage/denke entweder auf
   Deutsch oder Englisch

*"STREICHEN, KLÄREN, LÖSCHEN,
STREICHEN, KLÄREN, ENTFERNEN"*

oder

*„CANCEL, CLEAR, DELETE
CANCEL, CLEAR, RELEASE"*

3. Stell Dir dann Dein gewünschtes Ergebnis bildlich vor.
   Hiermit drehst Du Deinen Film mit Deinen
   hochschwingenden Gedanken und Gefühlen erneut bis er
   Dir gefällt.
4. Sage: *„SO SEI ES!"* So programmierst Du neu.
5. Schlafe erst ein, wenn Du Dich gut und in Frieden und
   Zufrieden *fühlst.*

*****

Du kannst auch alles „schief gelaufene" so lassen und sagen:
- *„Ich LIEBE mich dafür, dass ich z.B. alles vermasselt habe
  und lasse es los."*
- *„Ich LIEBE mich."*
- *„Ich LIEBE mein Leben."*

- *„Ich LIEBE mein Bett, meine Decke, mein Kissen."*
- *„Ich LIEBE _____."*
- *„Ich BIN Liebe."*
- *„Ich BIN Glück."*
- *„Ich BIN Frieden."*
- *„Ich BIN dankbar für _____."*

Wenn Du jemand bist der schnell einschläft, wiederhole einfach: *„LIEBE"* oder *„LOVE"*.

Erzeuge immer eine hohe Schwingung, bevor Du einschläfst. Bade die ganze Nacht durch in einer hochschwingenden Marinade!

Jetzt kommen die Werkzeuge, die ich vorher erwähnt habe.

WERKZEUGE

Seit Jahren benutze ich diese Werkzeuge um die Schwingung meines Körpers, meiner Gegenstände und meiner Umgebung klar, kraftvoll und gesund zu halten. In *Kapitel 14 - Was Beeinflusst Deine Schwingung noch?* hatte ich beschrieben, was alles einen Einfluss auf Deine Schwingung haben kann. Mit diesen Werkzeugen arbeitest Du, sehr zu Deinem Wohl, *noch intensiver* mit den Energien. Ich habe die Erfahrung gemacht, dass das Universum uns diese hochschwingenden Energien und eine Art Schutz zur Verfügung stellt. Die Werkzeuge helfen Dir bei jeder Übung. Es ist nicht meine Absicht Dich händeringend zu überzeugen. Dein Ego wird möglicherweise laut: *„Nein, wage Dich nicht aus Deiner Komfortzone!"*, schreien. Um die Wirkung der folgenden Werkzeuge zu *fühlen,* probiere sie mehrfach aus.

Es ist vorteilhaft, wenn Du die Übungen in Deine tägliche Routine integrierst. Sie werden nach kurzer Zeit zur Routine werden. Du sorgst Dich ohnehin schon um die Hygiene Deines Körpers. Warum solltest Du Dich nicht genau so um die Hygiene Deiner Energiefelder kümmern? Dies ist enorm wichtig für das Wohlbefinden Deines Körpers. Wenn Du schwere Schwingungen mit Dir herumträgst ist es für Deinen Körper ermüdend. Entscheide für Dich wie lange Du noch schweren Schwingungen von anderen und Deiner Umgebung mit Dir herumtragen möchtest. Wie gesagt, Energie verschwindet nie, kann aber verändert werden. Halte Deine Schwingung sauber und hoch!

Das Wort „DANKE" zu sagen ist entscheidend. Du bedankst Dich für die Unterstützung die Du bekommst, weil Du darum gebeten hast.

Mir ist bewusst, dass diese Übungen und die enthaltenden Worte ungewöhnlich sind. Sie werden Dich zunächst raus aus Deiner Komfortzone bringen. Als ich sie von ihnen erfuhr, habe ich sie für einige Zeit ausprobiert und mich selbst davon überzeugt. Sei Dir sicher, dass die Energien für Dich arbeiten, auch wenn Du sie (noch) nicht fühlst! Du musst nicht mit allen Übungen anfangen. Du wirst schon wissen welche Du ausprobieren möchtest und wann. Sie unterstützen Dein Wohlbefinden, auch wenn Du nicht daran glaubst oder sie fühlst.

JEDEN MORGEN, BITTE UM EINEN LICHTSCHUTZ:

Sage: *„Ich bitte um einen Lichtschutz für den ganzen Tag, der zu meinem höchsten Wohl ist. DANKE."*

Hierbei bittest Du um Hilfe und um Schutz und bekommst diese auch. So ist die Energie Deines Fünf Körper Systems geschützt. Der Schutz erlaubt jedoch Erfahrungen und Energien, die für Dein persönliches Wachstum erforderlich sind, hinein. Falls Du beispielsweise, die Schwingungsenergie der Wut von jemand anderen *spüren* solltest, ist es vielleicht weil Du Dich mit Deiner eigenen Wut auseinandersetzen solltest um zu lernen besser damit umzugehen.

Um Deine Energiefelder von der Wutschwingung gleich hinterher zu reinigen, benutze die Reinigungsübung im folgenden Absatz.

WÄHREND DES TAGES ODER AM ENDE DES TAGES:

Nach einem langen Tag kommst Du mit unterschiedlichen Schwingungen im Energiefeld Deines Fünf Körper Systems nach Hause, die Du über den Tag aufgenommen hast. Das ist ganz normal. Andere sind auch von Deiner Schwingung beeinflusst worden. Es kann sein, dass Du Dich schwer fühlst oder Du merkst, dass Du schlecht gelaunt bist, obwohl Du davor sehr glücklich warst und es keinen Grund dafür gibt mürrisch oder traurig zu sein. Wahrscheinlich hast Du „die Schlechte-Laune-Energie" von jemandem in Deiner Nähe, am Telefon oder im Fernsehen aufgenommen. Sei Dir nur bewusst, dass das geschehen kann.

Vielleicht fühlst Du Dich, als sei Deine Energie „dreckig". Ich rate Dir daher, die Übung mindestens einmal täglich zu machen, aber gerne häufiger.

DEINE ENERGIE KLÄREN UND REINIGEN LASSEN:
1. Sage: *„Ich bitte darum, dass mein ganzen Energiefelder, geklärt und gereinigt werden, zu meinem höchsten Wohl. DANKE."*
- *Das Klären:* Unvorteilhafte Energien von anderen, aus der Umgebung und Dingen werden entfernt.
- *Das Reinigen:* Die Energie Deines Fünf Körper System wird gereinigt.
(Es spielt hierbei keine Rolle, ob Du sitzt oder herumläufst. Wenn Du sitzt oder liegst, hast Du eine bessere Chance das Klären und die Reinigung zu fühlen. Alles geschieht jedoch, ob Du sie fühlst oder nicht.)

2. Sage, circa zehn Minuten später: *„Ich bitte um eine Lichtdusche, die zu meinem höchsten Wohl ist. DANKE."* Die hochschwingende Lichtdusche „spült" Deine Energiefelder abschließend durch.

DEINE ENERGIE ZURÜCK RUFEN:
Es gibt genügend Dinge und Menschen die Deine Energie im Alltag beanspruchen. Deine Energie bleibt nicht immer ganz bei Dir.

Rufe Deine Energie mindestens jeden Abend zu Dir zurück. Du kannst darum bitten, kurz bevor Du einschläfst, oder schon früher am Abend.
- Sage: *„Ich rufe meine gesamte Energie geklärt und gereinigt zurück. Ich bitte, dass alles zu meinem höchsten Wohl geschieht. DANKE."*

ZU JEDER ZEIT, ENERGIE KLÄREN UND REINIGEN:
Du kannst zusätzlich Dein Essen, Deine Getränke, Dein Zuhause und alles was ich in *Kapitel 14 - Was Beeinflusst Deine Schwingung Noch?* erwähnt habe, klären und reinigen.
- Sage: *„Ich bitte um das Klären und Reinigen (z.B. des Wassers, der Flaschen und der Kisten) mit göttlichem Licht und göttlicher Liebe. DANKE."*

„GÖTTLICH" bedeutet die kraftvollste, höchstschwingende Energie der Liebe und des Lichts, die in jedem von uns ist, um uns ist und das Universum zusammenhält. Natürlich kannst Du sie als Unterstützung rufen, Du bist energetisch ein Teil davon.

- Sage: *„Ich bitte um das Klären und Reinigen (z.B. aller elektromagnetischen Felder (EMFs) in meinem Zuhause) mit göttlichem Licht und göttlicher Liebe. DANKE."*
- Sage: *„Ich bitte um das Klären und Reinigen (z.B. meines Zuhauses) mit göttlichem Licht und göttlicher Liebe. DANKE."*

SCHUTZ BEI SCHWEREN, SEHR NIEDRIGEN SCHWINGUNGEN:

Wo es viele Menschen gibt, gibt es unzählige, unterschiedliche Schwingungen, die Dich beeinflussen. Nicht alle davon sind zu Deinem Vorteil.

Ich schütze mich und meine Schwingung grundsätzlich BEVOR ich mit Bus, Bahn oder Zug unterwegs bin. Auch BEVOR ich in die Stadt, zum Konzert, ins Kino, zu größeren Veranstaltungen oder zum Flughafen gehe. Wenn ich nachts unterwegs bin, schütze ich mich auch hiermit. Bei jedem Schutz, musst Du trotzdem auf Dich Acht geben.

- Sage: *„Ich bitte um eine goldene Lichtkugel, so lange ich sie benötige. Ich bitte darum, dass innerhalb der Kugel geklärt und gereinigt wird, alles zu meinem höchsten Wohl. DANKE."*

Das dauert vielleicht ein bis zwei Minuten.

ENERGIE VAMPIRE:

Manchmal gibt es Menschen, die Deine hochschwingende Energie als sehr angenehm empfinden und viel davon haben möchten. Sie möchten ihre Schwingung auf diese Art und Weise erhöhen und erschöpfen andere dabei. Es geschieht meist unbewusst. Sie zapfen Deine Energie, wie bei einer Tankstelle an. Diese Erfahrungen habe ich im Kino, bei Vorträgen und bei Feiern gemacht, aber auch schonmal, als ich mit einer guten Freundin Zeit verbrachte. Hinterher war ich immer so erschöpft und verstand nicht weshalb. Verstanden habe ich das erst, als sie es mir selbst, sicherlich unbewusst, erklärte: *„Es ist ganz einfach im Leben. Man geht von einer Tankstelle zur Nächsten. Wenn eine Tankstelle leer ist, sucht man sich eine Neue!"* Ich habe erst dann verstanden weshalb so viele Freunde sie losgelassen haben. Jetzt schütze ich mich einfach immer, wenn ich unter vielen Menschen bin, aber ab und zu auch bei einzelnen Personen.

Es gibt keinen Grund sich aufzuregen. Falls Du merkst, dass Dein Energielevel, Energiepegel rasch absinkt, Du Dich grundlos erschöpft fühlst oder einfach unwohl fühlst, ist folgendes, ganz entspannt, zu tun:

BITTEN UM EINE GOLDENE LICHTKUGEL UND ENERGIE ZURÜCKRUFEN:

- Sage: *„Ich bitte um eine goldene Lichtkugel, so lange ich sie benötige. Ich bitte um ein Klären und Reinigen innerhalb der Kugel, alles zu meinem höchsten Wohl. DANKE."*

Warte etwa zwei Minuten. In der Zeit wird Deine goldene Lichtkugel um Dich herum hergestellt und das „Anzapfen" abgebrochen. Vielleicht fühlst Du es.

- Sage dann: *„Ich rufe meine gesamte Energie geklärt und gereinigt zu mir zurück, alles zu meinen höchsten Wohl. DANKE."* So holst Du Deine Energie von Anderen zurück.

TIPP: Wenn Du mehr über „Energie Vampire" erfahren möchtest findest Du im Internet viele Artikel und Buchempfehlungen.

DIE SCHWINGUNG VON WASSER ERHÖHEN:
Wasser hat ein Gedächtnis! Ein Mann, namens Masuru Emoto hat Wasserflaschen mit unterschiedlichen Wörtern beschriftet. Die Flaschen mit Wasser hat er einige Zeit so stehen lassen. Dann hat er einen Tropfen Wasser aus einer Flasche herausgenommen, eingefroren und unter dem Mikroskop als Eiskristall fotografiert. Auf dem Foto von dem Eiskristall aus der Flasche, wo das Wort ELEFANT darauf stand, sah man tatsächlich die Form eines Rüssels im Eiskristall! Er hat ein erstaunliches Buch mit Fotos von Wasserkristallen herausgebracht.

*****

ÜBUNG: Wasser programmieren

- Schreibe ein oder mehrere Wörter auf einen Zettel, wie zum Beispiel: *LIEBE, FREUDE, GLÜCK, FRIEDEN, DANKBARKEIT, KRAFT, HEILUNG.*
- Klebe sie auf eine oder mehrere Wasserflaschen oder lege die Wörter unter die Flasche(n).
- Lasse sie über Nacht stehen.

Das Wasser übernimmt die Schwingungsqualität des Wortes und wird aufgeladen. Das heißt, Du trinkst Wasser mit der Schwingung *FREUDE, LIEBE* und *FRIEDEN.* Die Schwingung des Wassers beeinflusst Dich von innen.

*****

SEGNEN HAT EINE HOHE SCHWINGUNG:
Jeder kann alles und jeden segnen... auch Du! Wenn Du segnest, schickst Du eine sehr hohe Schwingung zu allem und jeden, den Du segnest. Ich segne jeden Tag alles was ich esse und trinke. Es ist zur Routine geworden.

Während Du segnest, empfängst Du auch die Segensenergie:
- Sage: *„Ich segne _____."*

Beispiele für Dinge, die Du segnen kannst:
Bestimmte Personen mit Namen, Dein Essen, Deine Wohnung, Deinen Körper, Deine Termine, Deine Prüfungen, eine bestimmte Situation, Deine Beziehungen, Dein Fußballspiel, Deine Gesundheit, Dein Termin beim Arzt, Deine Arbeit, Deine Projekte, Dein Arbeitsplatz, Dein Haustier, Dein Geld und Deine Finanzen, Dein Land, Deine Reise, andere Länder, die Menschen, die Bäume, die Erde, die Tiere, das Wasser, die Atmosphäre, die Zukunft und nicht zu vergessen, Dich selbst.

Wenn das was Du segnen möchtest direkt vor Dir liegt, zum Beispiel Dein Essen, kannst Du Deine Hände drüber oder um dem Tellerrand halten. Im Restaurant, wenn Dir nicht danach ist, kannst Du einfach denken: *Ich segne mein Essen und danke dafür.*

Du kannst auch mit einer oder mehreren Schwingungs-qualitäten segnen:
- Sage: *„Ich segne (mich, andere, eine Situation) mit Liebe (Frieden, Freude, Heilung, Freiheit, Kraft, Geduld, Schutz)."*

BETEN (BITTEN) HAT EINE SEHR HOHE SCHWINGUNG:
Die Kraft des Gebetes ist sehr stark, sie wird oft unterschätzt, wenn man Energie, Schwingung und die wohlwollende „Göttlicher Kraft" nicht versteht. Sie bewirkt oft Wunder.
„Ich bitte um _____. DANKE."
Wir können sicherlich mehr Segen und Gebete in die Welt setzen! Sei dabei!

EIN SEHR HOCHSCHWINGENDES MANTRA
„DIE MAGISCHE FORMEL"
Die Worte dieses Mantras sind äußerst kraftvoll. Hiermit bestätigst Du wer Du *eigentlich* bist, Dein wahres, authentisches Selbst. Du kannst das Mantra sagen oder denken, laut zu sagen ist kraftvoller. Wenn Du Dir wirklich etwas sehr Hochschwingendes für Dich tun möchtest, wiederhole dieses Mantra so oft Du kannst, etwa beim Duschen, Spazieren gehen, Saubermachen und während Du unterwegs bist. *Betone das Mantra immer mit Gefühl.*

„ICH BIN das Licht.
ICH BIN die Liebe.
ICH BIN die Wahrheit.
ICH BIN."

NOCH EIN HOCHSCHWINGENDES MANTRA
Mit Gefühl...
„ICH BIN,
MEIN(E) ICH BIN."

Erinnere Dich, ab 17 Sekunden fängt das Momentum an. Je häufiger Du die Mantras, mit Gefühl wiederholst, desto mehr spürst Du die positive Auswirkung der Energie in Deinem Körper.

Auf Deine Schwingung zu achten, sie zu erhöhen und zu schützen, sind alles Zeichen der Selbstliebe.

SELBSTLIEBE - BEFREIE DICH!

Weil Du Dich liebst, sei egoistisch! Den Meisten von uns wurden beigebracht, dass es nicht gut ist „egoistisch" zu sein. Einige haben sicherlich gelernt, dass „unsere Nächsten" wichtiger sind, als wir selbst. Ich hoffe, dass Du inzwischen erkannt hast, dass es sehr wichtig ist „egoistisch" zu sein. Um einen positiven Beitrag zur Gesellschaft und unseren Planeten leisten zu können, musst Du egoistisch sein indem Du Dich *zuerst* um Deine eigene Schwingung kümmerst. Dabei stärkst Du alles und jeden. Natürlich bist Du für anderen da, aber Du achtest besonders auf Deine Schwingung und lässt nicht zu, dass jemand Dich hinunterzieht.

WEIL DU DICH SELBST LIEBST…

- *Sei egoistisch, achte auf Deine Gedanken und Worte, schütze Deine Schwingung.*
  Dabei hilfst Du Allen.
- *Urteile weder über Dich selbst noch über andere!* Zu urteilen hat eine sehr niedrige Schwingung. Wenn Du über andere urteilst, urteilst Du meistens über Teile in Dir selbst.
- *Lasse Dich nicht respektlos behandeln.* Überprüfe Deine Gedanken und Glaubenssätze über Dein Selbstwertgefühl, wenn Du es zulässt.
- *Lasse Dich nicht auf Geschrei und Kampf ein.* Dabei stürzt Deine Schwingung ab und Du gleichst Deine Schwingung der Schwingung des Geschreies und des Kampfes an.
- *Vergebe Dir selbst und anderen FÜR ALLES.* Die Vergangenheit ist vorbei. So befreist Du Dich von unvorteil-

haften, niedrigschwingenden Gedanken und Energie-
verbindungen.

- *Schiebe keine Schuld auf andere!* Du befreist Dich nur,
wenn Du Dir über Deinen Anteil an der Situation bewusst
wirst und die Verantwortung übernimmst. Du bist ein
Magnet.

- *Lasse die alte Ego-Programmierung los.* Sei Dir Deinem
wahren, authentischen Selbst zunehmend bewusst.

- *Konzentriere Dich auf Lösungen, die wesentlich höher als
Probleme schwingen.*

- *Höre Deinem Herzen zu. Lasse weder Dein Ego, die
Geschehnisse der Welt oder sonst noch etwas oder
jemanden Dich mit Angst und Kontrolle einschüchtern oder
„befruchten". Wache auf und erkenne, dass die Kraft
Deines Lichts unermesslich ist.*

- *Behandele Deinen Körper mit Respekt. Seine Gesundheit
ist nicht selbstverständlich.*

- *Ernähre Dich und Deinen Körper mit hochschwingenden
Gedanken und Glaubenssätzen.* So bleibst Du gesund. Es
sind niedrigschwingenden Gedanken und Glaubenssätzen,
die zu Krankheit beitragen können.

- *Vergleiche Dich nicht mit anderen.* Wenn Du vergleichen
möchtest, vergleiche Dich mit Dir selbst. Strebe an jeden
Tag die beste Version Deiner Selbst zu sein.

- *Beneide anderen nicht für irgendetwas was sie haben.*
Freue Dich lieber, dass sie es mit ihrer Schwingung
anziehen konnten. Du kannst es auch!

- *Sei Dir täglich der Fülle um Dich und in Deinem Leben bewusst.* So schwingst Du Dich leichter auf die Schwingung der Fülle ein und ziehst diese „magnetisch" an.
- *Glaube an Dich und erschaffe selbst, mit Deinen Gedanken, alles was Du brauchst.* Mangel erscheint, wenn Du *denkst*, dass es an etwas mangelt. Mangel gibt es auf der Welt, weil wir als menschliches Kollektiv *denken und glauben*, dass es an etwas mangelt. Lasse diese Illusion los.
- *Erkenne, dass wie andere Dich sehen, kein Gradmesser Deines Wertes ist.* Erkenne Dich selbst an, verschenke Deine Macht nicht an andere.
- *Erkenne und freue Dich, dass Du einzigartig und wertvoll bist, genau wie Du bist.*
- *Liebe Dich und andere vom ganzen Herzen und bedingungslos.* Alle machen, auf ihre Art und Weise das Beste aus ihrer Programmierung und ihrem Leben, auch wenn es manchmal nicht danach aussieht.
- *Wende Dich ab von Bildschirmen so oft Du kannst.* Dein Fünf Körper System ist ständig und maßlos überfordert mit Informationen, Bildern und die Strahlen dazu.
- *Erlaube nur Hochschwingendes in Deinem Leben und halte Deine Schwingung hoch.*
- *Halte eine energetische Balance zwischen die Energie der Schwingungen des Gebens und des Nehmens.* Dein offenes Herz möchte geben und Dein Ego, fast nur zu seinem Vorteil, nehmen. Auch ein freundliches Lächeln ist energetisches Geben.

- *Lebe Deine Kreativität.* Tauche häufig in irgendetwas ein, dass Du liebst. Dabei erhöhst Du Deine Schwingung enorm.
- *Vertraue Dir selbst und dem Leben, egal was passiert!*
- *Führe Selbst Regie und erschaffe Dein Leben wie Du es haben möchtest.*
- *Wisse, Du bist nicht was Du hast, Du bist nicht was Du tust und Du bist nicht was andere über Dich sagen.*
- *Werde still und kehre nach Innen. In der Ruhe liegt Deiner Kraft. So findest Du heraus wer Du wirklich bist. -* Wer bist Du *wirklich?*
- *Sei Dir jede Minute bewusst, dass Du mit ALLEM verbunden bist. Trage bitte Hochschwingendes bei.*

DEIN WAHRES AUTHENTISCHES SELBST
WER BIST DU UND WER SIND WIR?

Wir sind kraftvolle, liebevolle, multidimensionale Lichtenergie-wesen, Seelen, in physischen Körpern, die unsere Lebenserfahrungen selbst, durch unsere Gedanken auf der Erde erschaffen. Wir sind gekommen um zu lieben, zu lernen, Freude zu empfinden, die Eindrücke durch unsere Sinne zu genießen und uns gegenseitig in Frieden mit Liebe und Mitgefühl zu unterstützen. Ursprünglich war es unsere Absicht respektvoll miteinander, mit der Erde und dessen Ressourcen, der Natur und den Tieren zu leben. Durch die Programmierung vom Außen, die wir von Generation zu Generation weitergegeben haben, unsere eigenen Gedanken, Glaubens-sätze, den resultierenden Handlungen daraus und der Glaube, dass es uns an etwas mangelt und wir voneinander und der „göttlichen Quelle" getrennt sind, haben wir unsere Welt, so wie sie jetzt ist, erschaffen.

Trotz der Programmierung von *äußerlichen* Ablenkungen, der wir erlaubt haben uns von unseren wahren, authentischen, *inneren* Selbst fernzuhalten, wachen wir endlich auf und bewegen uns zu unseren Herzen und zum Wohlwollen für jeden hin. Tag für Tag entscheiden sich mehr Mitmenschen, dass sie in den Schwingungen der Liebe, der Freude, der Fülle, des Mitgefühls und des Friedens leben möchten. Richten wir unsere Aufmerksamkeit *nur* darauf und tragen dazu bei.

Wir steuern auf eine lichtvolle Zukunft zu. Es mag im Moment nicht so erscheinen, die Ego-Programmierung von Kampf und Kontrolle in der Welt ist sehr aktiv, aber wir sind soweit. Dank des liebevollen Lichts und der Kraft des Universums, die unseren Bewusstseins-Aufstieg unterstützen, steigen die Schwingungen auf der Erde rasch an. Diese Schwingungs-erhöhung bedeutet mehr Licht und mehr Liebe auf der Erde. Die lichtvolle Schwingung der Liebe und die Schwingung der Dunkelheit ringen im Moment, aber wir wissen, dass die stärkste Kraft, die höchste Schwingung im Universum, die Liebe, schon gewonnen hat. Sei und bleibe zuversichtlich!

Wie Du Dein Leben lebst ist entscheiden für die Welt. Sei Dir immerwährend bewusst: Indem Du Deine Schwingung erhöhst, trägst Du zu einer höheren Schwingung auf der Erde und Deinen Mitmenschen bei. Mit mehr Selbstliebe, Vergebung, Mitgefühl und Liebe für einander und die Welt, hilft jeder einzelne von uns mehr als wir uns jemals vorstellen können. Jetzt weißt Du wie Du Deine Schwingung erhöhen kannst… wir danken Dir dafür!

WE'RE ALL IN THIS TOGETHER!

NACHWORT

Es wäre kein Buch von mir, wenn ich nicht von Engeln sprechen würde. Unzählige Menschen auf der Welt sind sich der liebevollen Unterstützung der Engel in ihrem Leben *bewusst* geworden. Sie genießen das Leben mit ihnen, wie mit guten Freunden.

Engel sind sehr hochschwingende Energiewesen. Einige Menschen können sie sehen, einige können sie fühlen. Ich fühle ihre Energie um mich herum. Sie sind uns sehr nah und möchten uns unter-stützen.

Sei Dir bewusst, dass Dein eigener Schutzengel immer an Deiner Seite ist. Es ist immer Dir überlassen, ob Du Kontakt aufnimmst und ihn bittest Dir zu helfen. Glaube mir, er würde sich riesig freuen!

Vor langer Zeit traf ich eine Frau, die mit den Engeln arbeitete. Sie gab mir Engel-Botschaften über mein Leben. Zuerst habe ich nicht an Engeln geglaubt, mich aber entschieden zu versuchen Kontakt aufzunehmen und um Hilfe zu bitten. Was danach geschah war unglaublich!

Deswegen spreche ich jetzt von Engeln! Engel helfen mit allem! In *Kapitel 30 - Werkzeuge* habe ich viele Werkzeuge erwähnt, die Dir mit Energie-Veränderungen helfen können. Obwohl Du die Übungen alleine machen kannst, kannst Du Deinen Schutzengel bitten, Dich dabei zu unterstützen. Engel schaffen bei allem eine kraftvolle, höhere Schwingung.

Ganz einfach, sage oder denke:
„Lieber Schutzengel, ich bitte Dich mir hierbei zu helfen. DANKE." oder
„Lieber Schutzengel, ich bitte _____. DANKE!"

Du kannst Gespräche mit Deinem Schutzengel, wie mit einem Freund führen. Mit der Zeit, wirst Du seine Energie sicherlich fühlen können.

Am Anfang skeptisch zu sein ist verständlich, aber wenn Du Dich auf ein weiteres Abenteuer einlassen möchtest, nehme Kontakt auf. Dein Schutzengel weicht nie von Deiner Seite und wird sich in Deinem Leben sicherlich, mit viel Freude, bemerkbar machen.

Manche Dinge sind wahr, auch wenn Du nicht daran glaubst!

In meinem Buch, *Wundervolle Zufälle – Wie nah die unsichtbare Welt im täglichen Leben ist,* kannst Du lustige Geschichten über meine Erfahrungen mit Engeln lesen.

In meinem Buch, *Ich Fühle Was, Was Du (noch) Nicht Fühlst! – Den Zauber unserer Welt wieder entdecken* für Kinder und Erwachsene, kannst Du durch lustige Geschichten und Übungen lernen, die Energien um Dich herum zu fühlen.

Viel Freude beim Lesen!

Unsere tiefste Angst ist es nicht,
ungenügend zu sein.

Unsere tiefste Angst ist es,
dass wir über alle Massen kraftvoll sind.

Es ist unser Licht, nicht unsere Dunkelheit,
was wir am meisten fürchten.

Wir fragen uns, wer bin ich denn, um von mir zu glauben,
dass ich brillant, großartig, begabt und einzigartig bin?

Aber genau darum geht es,
warum solltest Du es nicht sein?

Du bist ein Kind Gottes.
Dich klein zu machen nutzt die Welt nicht.

Es zeugt nicht von Erleuchtung, sich zurückzunehmen, nur
damit sich andere Menschen um Dich herum nicht
verunsichert fühlen.

Wir alle sind aufgefordert, wie die Kinder zu strahlen.

Wir wurden geboren, um die Herrlichkeit Gottes,
die in uns liegt, auf die Welt zu bringen

Sie ist nicht in einigen von uns,
sie ist im jedem.

Und indem wir unser eigenes Licht scheinen lassen, geben
wir anderen Menschen unbewusst die Erlaubnis, das Gleiche
zu tun.

Wenn wir von unserer eigenen Angst befreit sind,
befreit unser Dasein automatisch die anderen.
Nelson Mandela